Klaartje de Zwarte-Walvisch

Mein geheimes Tagebuch

März – Juli 1943

Mit einer Einführung von
Ad van Liempt

und einem Nachwort
zur deutschen Ausgabe von
Leon de Winter

Aus dem Niederländischen von
Simone Schroth

C.H.Beck

Titel der niederländischen Originalausgabe:
«Alles ging aan flarden.
Het oorlogsdagboek van Klaartje de Zwarte-Walvisch.
Met een inleiding van Ad van Liempt.
Tekstbezorging Ariane Zwiers»
Copyright © 2009 Joods Historisch Museum & Uitgeverij Balans
Zuerst erschienen 2009 bei Uitgeverij Balans

Die Einführung wurde für diese Ausgabe vom Autor überarbeitet.

Die Übersetzung dieses Buches wurde von der
niederländischen Stiftung für Literatur gefördert.

N ederlands
letterenfonds
dutch foundation
for literature

Mit 7 Abbildungen

Für die deutsche Ausgabe:
© Verlag C.H.Beck oHG, München 2016
Gesetzt aus der Adobe Garamand Pro und der Courier New im Verlag
Druck und Bindung: GGP Media GmbH, Pößneck
Umschlaggestaltung: Rothfos & Gabler, Hamburg
Umschlagabbildung: Umschlagdeckel des Notizbuchs,
in das Klaartje de Zwarte-Walvisch den ersten Teil ihres Tagebuches notiert hat.
Collectie Joods Historisch Museum, Amsterdam
ISBN 978 3 406 68380 0

www.chbeck.de

Inhalt

Anhang

Tagebuch

22. März–4. Juli 1943

16

De één nog hulpbehoevender dan de ander. Waren
dit tewerkgestelden? Zoo hadde het toch immers
Het menige en misdadige lag er uit boven op
en de stemming had haar laagste punt
bereikt. Ontijdjes zag ik hun ter van angst voor
datgene wat hun te wachten stond. Jonge
menschen waren flink en deden alsof de heele
beweging hen niet raakte. Ik heb zoo een boog
om me heen om hier en daar eenige indruk-
ken op te doen en zag oogen die werkelijk
de grens van normaal overschreden had-
den. Tamara kreeg een zenuwtoeval en was
niet tot bedaren te brengen. Twee ontijdjes be-
gonnen heftig met elkaar te kibbelen en ik
die er bij stond honde waarover het ging.
De vrouw maakte haar man er verwijt dat
ze naar de schouwburg waren gegaan terwijl
thuis hun kinderen alleen lagen. En of de man
al zijn best deed om zijn vrouw te overtuigen
dat de politie ze had gehaald en hij hier geen
schuld aan had, het gaf alles niets. Ze bleef
haar man beschuldigen van onredelijke dingen
Het was om medelijden mee te krijgen.
Deze menschen en nog zoovele honderd de toestand

7

Notizbuch

Aus dem Haus geholt

Wie jeder wusste, waren die Deutschen fest entschlossen, alle Juden nach Polen zu transportieren, und junge Menschen, die etwas gelernt hatten (eine handwerkliche Arbeit oder etwas dieser Art), sollten, so hieß es, in Arbeitslagern in Vught untergebracht werden.

Wenn man von zwei schlechten Dingen das Bessere wählen muss, entscheidet man sich natürlich für das kleinere Übel. In allen Vierteln von Amsterdam und außerhalb wurden Razzien auf Juden durchgeführt, und das morgens, mittags, abends und nachts. Zu jeder Zeit rechnete man damit, abgeholt zu werden. Ich selbst war der Gefahr bis etwa zum 22. März immer wieder mit knapper Not entkommen und beglückwünschte mich deswegen selbst von Herzen, schaffte es aber zuletzt auch nicht mehr und musste doch mit.

Obwohl ich schon am 25. Juli '42 auf Transport nach Polen hätte gehen sollen, waren die Umstände für mich immer wieder günstig gewesen. Die Lage wurde jedoch immer bedrohlicher, und schließlich war es dann doch so weit.

Am Nachmittag des obengenannten Datums wollte ich mich gerade auf den Balkon setzen, um ein wenig zu lesen, als es klingelte. Ich schaute über die Balustrade nach unten und sah dort zwei Männer stehen, die nach oben sahen und mich baten, ihnen zu öffnen. Vorbereitet wie ich war (obwohl ich in diesem Moment nicht mit ihrem Kommen gerechnet hatte), ging ich nach unten und schloss ruhig die Haustür auf. Die beiden Männer liefen einfach so in den Flur und stellten sich wie folgt vor: «Wir kommen von der Zentralstelle, und dorthin müssen Sie uns jetzt folgen.» Und während sie das sagten, gingen sie weiter ins Wohnzimmer. «Von wie vielen Personen wird dieses große Haus bewohnt?», blaffte mich einer der beiden an. «Von zweien», erwiderte ich, «von meinem Mann und von mir.» Es schien mir am besten, kurze Antworten zu geben. «Das glaube ich nicht», sagte der Schuft, «so ein großes Haus, und nur zwei Menschen wohnen hier?» Ich antwortete nicht und zog die Schultern hoch. «Ich werde mich schon selbst davon überzeugen.» Mit diesen Worten begann er das Haus von oben bis unten zu durchsuchen. Er ging durch alle Zimmer (es gab zehn), er rannte in den ersten Stock und von dort in den zweiten. Ruhig blieb ich mit dem anderen SDler[*] im Wohnzimmer; wie sich herausstellte, war das ein wirklich anständiger Mensch. Als sein Kollege wieder nach unten kam, dachte ich im ersten Augenblick, er wolle mich in der Luft zerreißen. Drohend sah er mich an und schrie: «Du behauptest also, dass dieses Haus von zwei Personen bewohnt wird, und oben liegt überall Kinderspielzeug herum? Wem willst du das denn weismachen?» Und er schrie weiter: «Wo sind die übrigen Bewohner? Überall hängt Kleidung. Die kann unmöglich von zwei Leuten stammen. Jetzt rede schon, wo sind sie?» Ich antwortete, dass es keine weiteren Bewohner mehr gibt, dass das Spielzeug einem Mädchen gehört, das früher im Haus gewohnt hat, und dass ich selten oder nie in den zweiten Stock komme, alles hatte liegen lassen und mir nie die Mühe gemacht habe, es wegzuräumen.

[*]   SD = Sicherheitsdienst. Siehe den Eintrag «SD» im Glossar.

«Das ist gelogen, Jüdin», tobte der Kerl und befahl mir,
ich solle mich hinsetzen. «Los, da hin.» Und er zeigte auf einen Sessel.
Der Kerl war so unglaublich gemein; er tat nichts anderes als zu
schimpfen, was eine sehr beruhigende Wirkung auf mich hatte, denn
ich blieb stehen, schaute den Kerl nur kalt an und sagte: «Nein,
mein Herr, ich bleibe stehen. Noch bin ich in meinem eigenen Haus,
und hier bin ich bisher immer selbst die Herrin gewesen. Wenn
ich gleich mein Haus verlasse, habt ihr hier das Sagen, aber solange
ich noch hier bin, tue ich, was ich will, also setze ich mich nicht hin,
sondern bleibe stehen, und dass Sie es sich herausnehmen, mich
anzuschreien und als Jüdin zu beschimpfen, darüber kann ich nur
lachen.» Ich konnte spüren, dass ich leichenblass war, aber ich hatte
meine Nerven gut unter Kontrolle und sprach bei allem, was ich
sagte, mit Beherrschung.

«Wo ist dein Kerl?», beleidigte er mich weiter. Ich zuckte die
Achseln und erkundigte mich höflich: «Mein Mann, meinen Sie?
Er macht zwischen drei und fünf Einkäufe.»

«Wo?», bellte der Kerl. Und ich sagte rasch zu mir selbst, dass
sich die Gesellschaft tatsächlich weiterentwickelte und man diesen
Mann ganz ohne Frage als positives Beispiel dafür betrachten konnte.

«Weiß ich nicht», antwortete ich, und er wandte sich an seinen
Kollegen, der noch kein Wort gesagt hatte, mich aber die ganze Zeit
ansah. «Schreib’ einen Zettel für den Kerl, dann kommen wir ihn um
halb sechs abholen.» Doch plötzlich überlegte er es sich anders und
sagte: «Nein, keinen Zettel; der Kerl braucht gar nicht zu wissen,
wo seine Frau steckt. Wir sagen es ihm auch nicht, wenn er kommt;
sie hätte eben nicht so frech sein sollen, die Jüdin.» Aber dagegen
erhob ich Einspruch und sagte: «Wenn Sie keine Nachricht für
meinen Mann hierlassen, gehe ich nicht mit. Außerdem bin ich krank
und muss mich morgen einer Operation unterziehen.»

Er lachte höhnisch und sagte: «Das habe ich bisher nicht feststellen können, dass du krank bist, denn du hast doch hier bequem in der Sonne gesessen und gelesen. Solches Geschwätz wollen uns alle Juden weismachen, wenn wir zu ihnen kommen und sie abholen.» Ich fragte ihn, ob die Leute, die draußen in Erholungsheimen liegen, nicht wirklich krank wären. «Damit habe ich nichts zu tun», entgegnete er. «Los jetzt, zieh dich an. Wir gehen zum Adama van Scheltemaplein*.»

Aber ich rührte mich nicht von der Stelle und dachte gar nicht daran, irgendwelche Anstalten zu machen, mich anzuziehen. Stattdessen wandte ich mich an seinen Kollegen und bat ihn, meinem Mann einen Zettel zu schreiben, damit der zumindest wusste, wo ich hinging. Er nickte mir zu und bedeutete mir, es werde in Ordnung kommen. Aber ich konnte mich immer noch nicht entschließen mitzugehen. Ich hatte im Haus noch einige sehr wichtige Dinge zu erledigen, und dafür musste ich unbedingt kurz die Gelegenheit finden. «Ich bin überhaupt nicht vorbereitet», sagte ich, in der Hoffnung, das würde helfen. Die beiden sahen sich an, und der Schuft sagte: «Dann sorg dafür, dass du ein paar Kleidungsstücke zusammenpackst, und ich hole in der Zwischenzeit ein Auto.» Ich jauchzte innerlich vor Freude, denn genau darauf hatte ich gehofft. Das hat geklappt, dachte ich. Er ging weg, und ich blieb mit seinem Kollegen zurück, der anfing, sich mit mir zu unterhalten. «Sind Sie wirklich krank?», fragte er höflich. «Ja», sagte ich, «schlimmer krank, als Sie es sich vorstellen können.» Und ich erzählte ihm, dass ich an heftigen Speiseröhrenkrämpfen litt und immer wieder zweimal täglich künstlich ernährt werden musste. Er war ehrlich betroffen und wollte mehr wissen. Dann ging er durch das Haus, und ich folgte ihm. «Schönes Haus, aber viel zu groß für zwei

---

* Hier befand sich die «Zentralstelle (für jüdische Auswanderung)».

Personen.» Und auf einmal: «Wissen Sie eigentlich, dass Sie sich strafbar gemacht haben?» «Wieso?», fragte ich und stellte mich dumm, denn ich wusste, was er meinte. «Dieses Haus ist nicht gemeldet, obwohl es sich um Ihr Eigentum handelt. Außerdem hätte es Evakuierten zur Verfügung gestellt werden müssen.» Ich antwortete, dass ich davon nichts wüsste und mich damit noch nie weiter auseinandergesetzt hätte, weil ich das ganze Jahr über krank gewesen sei. Es gab Dinge, die mich stärker in Anspruch genommen hatten als so etwas. «Aber Ihr Mann?» (Zumindest redete er mich noch mit «Sie» an.) «Er hätte das doch wissen müssen? Sie haben sich strafbar gemacht, und das bedeutet, dass Sie vielleicht sogar auf einem Straftransport landen.» Darüber musste ich wirklich lachen und sagte: «Hören Sie, glauben Sie, es interessiert uns Juden noch, auf welche Weise wir abtransportiert werden? Wir wurden schon für so viel verantwortlich gemacht und werden so vieler unrechter Dinge beschuldigt, dass diese Sache, die Sie als Straftat bezeichnen, mich überhaupt nicht interessiert.» «So, Sie nehmen diese ganze Angelegenheit also sehr leicht, nicht wahr?» «Natürlich, was dachten Sie denn? Wir Juden sind nun einmal so gemacht, dass wir viel ertragen können, und es gibt kein Leid, das so groß wäre, dass wir es nicht überstehen.» Ich machte ihn auch darauf aufmerksam, wie rüde sich sein Kollege verhalten hatte, und er versuchte, dafür eine Entschuldigung zu finden, indem er erklärte, dass diesem durch die Schuld von Juden so viele schlimme Dinge zugestoßen seien und dass er darum einen so tief verwurzelten Hass gegen sie verspüre. Darüber musste ich wieder aus vollem Herzen lachen und sagte, wie lächerlich ich dieses Argument fand; und ich fragte ihn, ob er vielleicht meine, dass wir Juden noch nie Gemeinheiten durch Nichtjuden erfahren hätten. «Natürlich kommen solche Dinge vor, aber ich kann Ihnen versichern, dass wir Kriminalpolizisten alles tun, um solche Subjekte unverzüglich unschädlich zu

machen, sobald wir über diese Dinge Sicherheit erlangt haben.»
Ich fand, dass der Kerl nur faselte, und verfluchte die ganze Bande,
die sich dazu bereit erklärt hatte, bei der Verfolgung der Juden zu
helfen. Nachdem er das Haus inspiziert hatte, setzte er sich ans Klavier
und spielte ein bisschen. Vielleicht wäre es mir sogar gelungen, auf
die Straße zu flüchten. Aber das konnte ich vor meinem Gewissen
nicht verantworten, weil sich im Haus noch Verwandte befanden,
die ich dadurch in Gefahr gebracht hätte. Also wartete ich ruhig ab,
bis der Herr sich genug am Klavier vergnügt hatte. Dann kam er
wieder auf mich zu und bat mich, ich solle ein paar Kleidungsstücke
zusammensuchen. Ich rannte in mein Schlafzimmer, wo mein Gepäck
schon seit acht Monaten bereitstand. Auf dem Balkon war meine
Schwägerin, die noch keine Ahnung von allem hatte; sie schaute in
aller Ruhe die Straße hinunter. Ich stürmte auf sie zu und berichtete,
dass der SD unten stand, um mich abzuholen. Selten habe ich
jemanden so erschrecken sehen. Sie verdrehte die Augen, und ich
dachte wirklich, sie würde in Ohnmacht fallen. Aber es gelang mir,
sie so zu beruhigen, dass sie sich einigermaßen fasste. Schnell gab ich
ihr ein paar Anweisungen, sagte ihr, was sie zu tun hätte, und befahl
ihr, sich auf den Boden des Balkons zu setzen, sodass man sie von
der Straße aus nicht sehen konnte. Ich sagte ihr noch, sie solle
aufpassen, wenn mein Mann nach Hause käme, und ihn dann
wegschicken. Aber es war schon zu spät, denn als ich mich umdrehte,
stand er hinter mir … Erstaunt fragte ich ihn, wo er herkäme,
denn um diese Tageszeit hätte ich ihn bestimmt nicht daheim
erwartet. Wenn einen das Schicksal verfolgt, kann man ihm nicht
entgehen. Er erzählte mir, er habe Bekannte besucht, aber weil es in
der Gegend ziemlich unruhig war und immer wieder die Papiere
kontrolliert wurden, war es ihm klug erschienen, sich auf den Heim-
weg zu machen. Auf diese Weise lief er den Polizisten direkt in die

Arme. Es tat mir entsetzlich leid, dass ich ihn nicht draußen hatte abfangen können, aber es ließ sich nun einmal nicht mehr ändern.

Ich bat ihn, er solle den Kerl unten durch ein Gespräch ablenken, und inzwischen wandte ich mich wieder meiner Schwägerin zu.

Ich besprach noch einige Dinge mit ihr, gab ihr die wichtigsten Anweisungen und freute mich, dass ich selbst so beherzt war und trotz allem so genau wusste, was zu tun war. Das beruhigte mich sehr.

Ich schickte sie an eine Stelle im Haus, von der ich wusste, dass sie dort sicher war, und machte mich, beruhigt und zufrieden, dass ich das noch hatte tun können, daran, ein wenig Gepäck zusammenzusuchen. Das meiste hatte ich sowieso schon bereitstehen. Mein Mann kam zurück und half mir ein bisschen, und schließlich gingen wir mit Sack und Pack nach unten. Inzwischen war der SDler, der ein Auto holen wollte, wieder zurück, und dann konnte die Sache ihren Anfang nehmen. Ich sah mich noch kurz mit einem wehmütigen Gefühl im Haus um und kämpfte gegen die Tränen, die in mir aufstiegen.

Stolz trat ich nach draußen. Dort hatten sich meine nächsten Nachbarn und Bekannten versammelt, und während sie mir «Sei tapfer» und «Kopf hoch» zuriefen und ich im Vorbeigehen noch einige Hände drückte, stiegen wir ins Auto und fuhren zum Adama van Scheltemaplein.

Zur Zentralstelle

Mein erster Eintritt in die Hölle. Kleine Kinder, die schon den ganzen Tag dort waren, wussten sich nicht anders zu helfen als durch Schreien und Weinen. Man hätte davon verrückt werden können. Aber das war noch nichts, das war erst der Anfang. Es sollte noch viel schlimmer werden. Als wir in einen großen, leeren Saal kamen, waren

dort ungefähr 200 Menschen. Zu dieser Zeit konnten wir noch alle einigermaßen sitzen, aber nach und nach füllte sich der Saal mit immer mehr Menschen, und abends und nachts wurde die Lage noch tragischer. Mein Mann hatte ein Buch mitgenommen und versuchte, sich die Zeit mit Lesen zu vertreiben. Hunderte alter Menschen hatte man in dieser Nacht aus den Heimen geholt, und sie mussten ebenfalls auf Transport. Der Saal wurde bis in die äußersten Ecken gefüllt, und junge Menschen mussten für die älteren Platz machen. Einige Matratzen wurden auf den Boden gelegt, und darauf konnten einige Menschen versuchen, sich etwas auszuruhen oder zu schlafen.
Wir wurden einfach aufeinandergeklebt und konnten uns kaum noch bewegen.

Kinderweinen hörte nicht auf. Ein kleines Mädchen suchte heulend seine Mutter, und als ich mit ihm zur Toilette ging, stellte ich fest, dass das nicht mehr nötig war. Es konnte einem übel davon werden. Ich hatte in der Menge einige Bekannte von früher entdeckt, und wir versuchten, uns um der anderen willen tapfer zu halten. Das gelang uns aber nur sehr schlecht. Wir machten ein paar Späße, und hin und wieder gelang jemandem eine geistreiche Bemerkung. Es sollte eine Nacht werden, die man nie vergisst, und wir atmeten wirklich auf, als es langsam Morgen wurde und wir um sieben Uhr ein wenig in den Innenhof «an die frische Luft» durften. Schläfrige Gesichter schauten einander an, und Babys, die über Nacht in Schlafzimmern untergebracht gewesen und dort von Pflegerinnen betreut worden waren, fingen wieder zu weinen an. Einige ältere Kinder weinten, weil sie nach Hause wollten, aber dazu bestand natürlich nicht die geringste Möglichkeit. Einem unter vielen mochte es vielleicht gelingen, seine Freiheit wiederzubekommen. Aber wer war der Glückliche?

Endlich, um halb elf, wurden wir wie Vieh in Autos zur Joodse Schouwburg* gebracht. Mein Mann und ich saßen beide an der Tür zum Aussteigen und hätten, wenn wir gewollt hätten, problemlos aus dem Wagen springen können, aber wir konnten das Gepäck nicht mitnehmen, deshalb ließen wir es bleiben. Im Theater erwartete uns ein weiteres schreckliches Schauspiel. Menschenmassen um Menschenmassen wurden gegeneinandergedrückt, und wir wurden von der einen Seite auf die andere geschleudert. Sofort ging ich zum Krankensaal und versuchte, dort mit einem der Ärzte zu sprechen. Aber ich musste bis drei Uhr warten. Vorher würde kein Arzt anwesend sein, hieß es. Alles ging schief für mich, und die Atmosphäre war zum Ersticken. Man konnte sich kaum bewegen. Zu allem Unglück wurden wir einem Transport zugeteilt, der am folgenden Nachmittag nach Westerbork abfahren sollte. Bis zu diesem Zeitpunkt war es mir gleichgültig gewesen, wohin wir gebracht wurden. Erst wollte ich mit einem Arzt sprechen. Vielleicht gab es noch etwas, das man für mich tun konnte, und ich hatte eine kleine Chance, zeitweise freigelassen zu werden. Zumindest hoffe ich das. Endlich, um drei Uhr, wurden wir dann zum Arzt in den Krankensaal gelassen. Dort berichtete ich von meinem Leiden oder besser gesagt davon, was mir fehlte, und die Ärzte schienen diesen Fall von Speiseröhrenkrampf ziemlich interessant zu finden. Einer von ihnen versprach mir, alles ihm Mögliche zu tun, um mich freizubekommen, doch sein Kollege wagte es nicht, mir das gleiche Versprechen zu geben. Er hielt es für klüger, nicht mit den deutschen Stellen zu sprechen, sondern stattdessen zu versuchen, mit einem Transport nach Vught zu kommen. Dabei musste ich noch froh sein, dass es dorthin gehen sollte, denn Vught wurde in Amsterdam so in den Himmel gelobt und alles wurde

---

* Jüdisches Theater. Siehe das Glossar unter «Joodse Schouwburg».

uns in so schönen Farben geschildert, dass es wirklich als Vorrecht galt, dorthin zu dürfen. Ich hörte ohne großes Interesse zu, denn ich hatte bis dahin die Hoffnung nicht ganz aufgegeben, vielleicht doch noch freizukommen. Das alles war eine solche Enttäuschung, dass ich nicht wusste, was ich tun sollte. Hinzu kam, dass ich sofort künstlich ernährt wurde, und ich ahnte, dass wir nicht mehr freikommen würden. Ich ließ mich aber nicht entmutigen, sondern hoffte auf Hilfe von außen. Wie, das wusste ich eigentlich selbst nicht. Immer wieder bekamen wir Zettel mit den Worten «Mutig bleiben!» und «Man setzt sich für eure Freilassung ein». All das nutzte aber nichts, nicht das Attest von meinem Arzt und auch nicht das des Professors, der mich operieren sollte.

Die Ärzte aus dem Krankensaal wagten es nicht, mit den deutschen Stellen zu sprechen, weil sie Angst hatten, ich könnte nach Westerbork geschickt, dort ins Krankenhaus aufgenommen und operiert und anschließend nach Polen weitergeschickt werden. Das wollte ich auf keinen Fall. Dann lieber nach Vught, wo es laut dem Judenrat[*] so angenehm sein sollte. Einige glaubten tatsächlich, dass sie auf dem Weg in ein Eldorado waren, aber diese Überzeugung teilte ich ganz und gar nicht. Immer neue Transporte wurden hereingebracht, und ich fragte mich, was wohl mit all diesen Leuten geschehen sollte. Bei den jungen Menschen konnte ich es mir dadurch erklären, dass sie arbeiten konnten, aber was ich da hereinkommen sah, war furchterregend. Alte, Verkrüppelte, Lahme und Blinde um die neunzig Jahre oder nicht viel jünger. Der eine hilfloser als der andere. Wollte man diese Menschen arbeiten lassen? So hieß es doch zumindest? Es war ganz offensichtlich, dass hier etwas Dreckiges,

[*]   Siehe Glossar.

Verbrecherisches vor sich ging, und die Stimmung hatte ihren Tiefpunkt erreicht. Ich sah alte Menschen, die aus Angst vor dem weinten,
was ihnen bevorstand. Die jungen Leute hielten sich tapfer und taten,
als ob die ganze Unruhe sie nichts anginge. Ich schaute mich ein
wenig um, um hier und da ein paar Eindrücke zu gewinnen, und sah
Dinge, die wirklich die Grenze des Normalen überschritten hatten.
Jemand bekam einen Nervenzusammenbruch und war nicht zu
beruhigen. Zwei Alte begannen heftig zu streiten, und weil ich
danebenstand, hörte ich, worum es ging. Die Frau warf ihrem Mann
vor, dass sie ins Theater gegangen waren, während zu Hause ihre
Kinder allein im Bett lagen. Und obwohl der Mann sich nach Kräften
bemühte, seine Frau davon zu überzeugen, dass die Polizei sie abgeholt
hatte und er keine Schuld an dem trug, was passiert war, war alles
umsonst. Sie beschuldigte ihn immer wieder, er habe unredlich
gehandelt. Man musste einfach Mitleid haben. Diese Menschen und
so viele andere konnten die Situation nicht verarbeiten und fingen an,
wirres Zeug zu reden und verrückte Dinge zu tun. War das denn
erstaunlich? Waren die Nerven dieser Menschen nicht bis zum
Äußersten angespannt und auf die Probe gestellt, und was würden sie
noch alles durchstehen müssen? War jeder menschliche Organismus
dafür ausgerüstet und stark genug, um es auszuhalten? Ein junges
Mädchen kam zu mir und erzählte mir eine Geschichte, die so
unzusammenhängend war, dass ich kein Wort begriff. Sie fragte mich,
ob ich sie auch wirklich verstanden hätte, und ob ich vor allem nicht
vergessen wollte, was sie mir alles mitgeteilt hatte, denn ich würde
daran gewiss noch Freude haben. Voller Mitleid schaute ich sie an und
nickte, damit sie sah, dass ich sie verstand. Du armes Ding dachte ich,
du bist wirklich schon völlig verrückt. Ich sah eine Frau an der Wand
stehen, deren Augen so verängstigt und flehentlich dreinschauten, dass
mir ganz übel wurde und ich den Blick von ihr abwenden musste.

Augen, die um Hilfe baten. Wer konnte hier helfen? Uns allen stand doch das gleiche Schicksal bevor, und niemand konnte daran etwas ändern. Alle waren wir verurteilt, denn wir waren mit dem Judenstempel gebrandmarkt. Ich sah noch mehrere tragische Szenen und sagte zu mir selbst, dass das Theater mehr einem Irrenhaus glich als einem Ort, an dem Menschen zusammengekommen waren, die als Arbeitskräfte eingesetzt werden sollten, und ich begriff, dass sich viele nie wieder von diesem Schlag erholen würden. Die Mehrheit wurde davon überwältigt, und niemand wusste, was ihm oder ihr bevorstand. Man tappte, was das betraf, im Dunkeln, und es war auch größtenteils Angst, die die Alten ergriffen hatte. Es war so eine tragische Szene, und das Ganze bot einen Anblick, der sich mit Worten nicht beschreiben lässt. Alles war einfach nur widerlich, und an Schlafen war gar nicht zu denken. Hier und da hatte man ein paar Matratzen auf den Boden gelegt, und darauf durften sich einige alte Menschen legen. Ein besseres Bild der Emigration war nicht vorstellbar. Wie sollte das alles noch enden? Das war die Frage, die sich jeder immer wieder stellte. Das war die Frage, die alle beschäftigte. Am nächsten Morgen kam wieder ein Transport vom Adama van Scheltemaplein, und was sich danach vor meinen Augen abspielte, war so abscheulich, dass ich wirklich alle Energie und Willenskraft brauchte, um das durchzustehen, denn als der Transport nach Westerbork seinen Anfang nahm, stand ich da und zitterte vor Erregung. Ein Transport mit 500 Menschen, die meisten von ihnen über 55 Jahre alt. Um halb drei begann der Transport. Ich stand kurz am Fenster des Krankensaals und sah von dort aus, was sich vor dem Theater abspielte. Lastwagen fuhren weg und kamen wieder zurück, und wie Vieh wurden die alten Leute darauf geladen und zur Panamakade* gebracht, von wo aus sie um

---

* Straße in Amsterdam.

acht Uhr nach Westerbork und von dort nach Polen geschickt werden sollten. Was für eine verzweifelte Lage. Alte Menschen, die kaum laufen konnten. Jemand mit einem Holzbein fiel im Flur der Länge nach hin. Für diese alten Menschen wurde schlecht gesorgt, und das mache ich dem Judenrat zum Vorwurf, denn unter den Leuten vom Judenrat befanden sich einige, die für ihre Aufgabe völlig ungeeignet waren. Ich sah, wie mein Mann jemanden vom Judenrat am Arm packte und ihn anschnauzte, er solle helfen und nicht einfach nur herumstehen und mit seinen Kollegen Späße treiben. Auf dem Flur vor der Tür zum Krankensaal saß ein altes Mütterchen und weinte. Sie hatte keinen Mantel an und nur Hauspantoffeln an den Füßen. Die Helden, die sie abgeholt hatten, hatten ihr die Zeit nicht gegönnt, ein paar Kleidungsstücke mitzunehmen. Ich konnte den Anblick nicht länger ertragen und lief zurück in den Krankensaal, wo es genauso tragisch zuging wie draußen. Kranke Menschen wurden auf Tragen gelegt und so in die Autos gebracht. Pfleger und Krankenschwestern fuhren mit an die Panamakade, um den Kranken in die Züge zu helfen. Ich fragte sie, ob denn gar kein Pflegepersonal mit nach Westerbork reisen würde, denn es war doch unverantwortlich, Menschen einfach so ihrem Schicksal zu überlassen. Das fanden die Schwestern selbst auch, aber sie fragten mich, was ich denn von den Deutschen an Menschlichkeit erwartete. Die Kranken wurden der Länge nach auf die Bänke gelegt, und niemand würdigte sie danach auch nur eines Blickes. Im Krankensaal bekam jemand einen Nervenzusammenbruch, und man brauchte sechs oder sieben Männer, um ihn festzuhalten. Diese Anfälle wiederholten sich ein paar Mal am Tag, und das Ganze dauerte einen Tag, vielleicht auch drei oder vier. Dann bekam er einige starke Spritzen, wurde auf einer Trage festgebunden und mit dem nächsten Transport nach Westerbork gebracht. Von der Zugfahrt hat er wahrscheinlich nichts mitbekommen, denn man hatte es so eingerichtet, dass er bewusstlos bleiben sollte, bis er in Westerbork ankam. Verschiedene Transporte dorthin habe ich miterlebt, aber ich werde die Eindrücke aus diesen Tagen nie vergessen. Wie ich schon gesagt habe, mussten jüngere Menschen unter 55 und solche, auf deren Personenkarte vermerkt war, dass sie etwas gelernt hatten (vor allem ein Handwerk), nach Vught. Dieses Lager wurde durch den Judenrat so in den Himmel gelobt, dass wir uns zuletzt wirklich danach sehnten, der Hölle zu entkommen und dorthin gebracht zu werden. Die meisten vertraten den Standpunkt, dass man, wenn man in einem Arbeitslager in den Niederlanden landete, doch noch nicht jeden Kontakt mit der Außenwelt verlieren würde, und außerdem hätte man dann noch die Chance, Lebensmittelpakete zu erhalten; etwas sehr Wichtiges, denn später stellte sich heraus, dass wir diese sehr nötig hatten. Der Transport, der für Vught bestimmt war, wurde von dem nach Westerbork strikt getrennt gehalten. Doch es geschah Folgendes: Wiederholt wurde bekannt gegeben, es sei denjenigen auf der Liste für Westerbork strengstens verboten, sich in den Saal zu begeben und sich unter jene zu mischen, die für Vught bestimmt waren. Wie man sich denken kann, gibt es natürlich immer Menschen, die ein gewisses Risiko auf sich nehmen wollen, und die wagten es, sich von dem einen Transport zum anderen zu stehlen. Was daraufhin geschah, war mehr als schlimm. Der Mann, der beide Transporte voneinander getrennt hatte und dem zu Ohren kam, was geschehen war, hielt eine regelrechte Razzia im Theater ab. Zur Strafe für das, was einige Waghalsige sich getraut hatten, wurden 200 Menschen, die ursprünglich für Vught bestimmt gewesen waren, aus dem Saal geholt, und sie mussten mit nach Westerbork. Das machte die Menschen so mutlos und ängstlich, dass sich jedes Mal, wenn ein Transport nach Westerbork abfahren sollte, junge Menschen verstecken mussten und in Ecken und Fluren des Theaters stehenblieben. Das ging so weiter, bis die Deutschen das Gebäude verlassen hatten und jeder wieder an seinen Platz zurückkehren konnte. Aber was diese Menschen in solchen Stunden der Anspannung durchmachten, ist für die, die das vielleicht später einmal lesen und es nicht erlebt haben, etwas ganz Unfassbares. Etwa um sechs Uhr sprachen wieder alle miteinander, und da stellte sich heraus, dass einige unserer Bekannten, die sich versteckt hatten und eigentlich auf der Liste für Vught standen, von den Deutschen gefunden worden waren. Und weil der Transport nach Westerbork nicht groß genug war, wurde er um diese Menschen ergänzt. Eine tiefe Niedergeschlagenheit erfasste uns, wenn wir wieder ein paar Bekannte vermissten. Aber auch darüber konnte man nicht lange nachdenken. Es passierten zu viele Dinge um mich herum, und es gab wieder so viele andere Fälle, die erst recht der Aufmerksamkeit wert waren. Der eine Transport war weg, und wieder kam ein neuer herein. Und jeden Tag wurden neue Menschen ins Gebäude gebracht, und ich bekam die verrücktesten Geschichten zu hören. Regelmäßig brachte man mich auf den neuesten Stand zur Lage außerhalb des Theaters. Jeden Tag verbrachte ich viele Stunden im Krankensaal, und auch dort gewann ich viele Eindrücke.

Nach einigen Tagen wurden mein Mann und ich in die Kinderkrippe[*] gerufen, und wir begriffen, dass wir freigelassen werden sollten. Tatsächlich war das der Fall. Und als wir die Krippe mit einem Gefühl der Befreiung verlassen wollten, verlangte ich noch meinen Schlüssel zurück, denn den hatte ich auf der Zentralstelle abgegeben. Uns wurde daraufhin mitgeteilt, dass wir wieder ins Theater zurück-

---

[*] Eine Dépendance der «Sammelstelle» für die zur Deportation bestimmten Juden gegenüber der Joodse Schouwburg. Siehe im Glossar unter «Krippe».

kehren mussten, weil diejenigen, die einmal auf der Zentralstelle erfasst worden waren, nicht mehr freikommen konnten. Das hatten wir nicht gewusst. Die Enttäuschung war so groß, dass es mir völlig die Sprache verschlug. «Was soll das alles?», fragte ich jemanden vom Judenrat. «Erst holt ihr einen heraus, und dann müssen wir wieder zurück. Ich denke gar nicht daran, wieder dorthin zurückzugehen.» Aber es war nichts zu machen. Er holte jemanden von den deutschen Stellen dazu, und ob wir wollten oder nicht, wir mussten zurück ins Theater. Wieder zurück in die Hölle. Was für eine Enttäuschung. Da begriff ich ganz und gar, dass nun jede Chance auf Freiheit verwirkt war, und es schien mir am besten, mich wohl oder übel in mein Schicksal zu fügen.

Zwölf Tage habe ich im Theater verbracht. Zwölf Tage, die nur ein Kapitel in der Geschichte ausmachen, denn das alles war nichts als das Vorspiel von dem, was ich später erleiden sollte. Und trotzdem, das Leben geht weiter. Trotz allen Elends, das wir dort durchmachten, geschahen doch immer wieder Dinge, über die man lachte, und oft wunderte ich mich darüber, dass so etwas noch möglich war. Aber es ist nun einmal eine bekannte und feststehende Tatsache, dass uns Juden niemand den Sinn für Humor nehmen kann. Andauernd dachte ich an meine Angehörigen und fragte mich, was wohl in ihnen vorging, denn ich wusste, dass ihre Gedanken bei mir waren, genauso wie meine bei ihnen.

Endlich war es so weit, und wir sollten auf Transport gehen. Der Ausdruck «Transport» klingt immer nach Viehtransport. Und tatsächlich bekam man genau diesen Eindruck. Es war ganz ohne Frage eine Erleichterung für uns, als es dann so weit war. Mein Mann, der in zwölf Tagen nur ein einziges Mal die Sachen hatte wechseln können und überall schlief, wo er irgendwie die Gelegenheit dazu bekam, fühlte sich nicht mehr wie ein Mensch. Es braucht nicht viel, damit ein Mensch unter solchen Umständen degeneriert.

In der Nacht vom 1. auf den 2. April sollten wir das Theater verlassen und die Reise ins Unbekannte antreten. Alle waren guten Mutes und hoffnungsvoll gestimmt, weil wir davon ausgingen, dass wir da, wo wir hinfuhren, ein menschenwürdiges Dasein führen könnten. Aber wie groß war die Enttäuschung, die uns bevorstand. Die Abfahrt vom Theater war so abschreckend, dass ich spürte, wie mich ein Ekelschauder durchlief. Wir mussten den Saal verlassen und ins Foyer gehen, wo schon die «Grüne Polizei»* Spalier stand, an der wir vorbei mussten. Ganz kurz vor dem Aufbruch wurden noch schnell weitere Menschen hereingebracht, die auch mitmussten. Draußen war es dunkel, und auch da hatten sich unsere Beschützer?? [so im Original] in zwei Reihen vom Theater bis zur Straßenbahn aufgestellt. Das Gefühl der Freiheit war sofort weg, als ich das sah, und mir wurde etwas Schlimmes klar. Alles machte einen entsetzlich traurigen Eindruck. Verbrecher waren wir. Ausgestoßene der Gesellschaft. Unter dem Geschrei der SS wurden wir regelrecht in die Straßenbahn gestoßen. Schreien und Drohungen scheinen bei ihnen nun einmal der übliche Umgangston zu sein. Vor dem Hbf. mussten wir uns alle in Viererreihen aufstellen und durften noch eine Weile in der Kälte warten, bevor wir nach drinnen konnten. Das alles in der Nacht, während wir voll bepackt mit unseren Sachen dastanden. Es war ein wahrer Auszug. Echte Emigranten, so wie ich das schon ab und zu im Film gesehen hatte. Die SS rannte hin und her, und

---

*	Die Ordnungspolizei wurde in den Niederlanden wegen der grünen Uniformen auch «Grüne Polizei» genannt.

endlich konnten wir in die Bahnhofshalle und bekamen Zugang zum Bahnsteig und zu den Zügen.

Eine Fahrt von ungefähr anderthalb Stunden, und im Stockdunkeln kamen wir in Vught an. Wieder Schreien und Kreischen. Alles, um uns Mut zu machen. Aber zum Glück gab es unter den Bewachern einige unserer eigenen Glaubensgenossen. Sie hatten den Auftrag, uns abzuholen, und das gab uns immerhin ein Gefühl der Beruhigung. Die Kinder setzte man in Autobusse, aber wir Großen mussten zum Lager laufen. Ein Marsch von eineinviertel Stunden. Wie Ameisen schleppten wir uns vorwärts, brachen dabei halb unter der Last des schweren Gepäcks zusammen.

Später wurde mir bewusst, dass zwischen Bahnhof und Lager nicht mehr als zehn Minuten Fußweg lagen. Aber nur, damit die Menschen das Gefühl bekamen, dass sie weit weg in irgendein Nest gebracht wurden, ließ man uns diesen gewaltigen Umweg machen. Wer kann unseren Schrecken und unsere Angst beschreiben, als wir im Lager ankamen und merkten, dass man uns zum Narren gehalten hatte und dass das Lager sehr wohl ein Konzentrationslager war. In Amsterdam hatte man uns etwas Schönes versprochen, und *so* wurden wir nun empfangen. Was für eine Enttäuschung. Was für eine Hölle. Was ging in diesem Augenblick in uns allen vor? Wieder wurden wir von einem Spalier holländischer SS empfangen. Nichts von alldem trug dazu bei, uns zu beruhigen. Das widerliche Geschrei dieser Menschen – man bekam wirklich den Eindruck, als könnten sie nicht anders. In einem Konzentrationslager, und das nur, weil wir Juden waren. Ein schlimmeres Verbrechen hätten wir nicht begehen können. Niedergeschlagen gingen wir weiter, und eine Erfahrung war schlimmer als die andere. Ich sah Freunde und Bekannte hinter Stacheldraht, und innerhalb weniger Minuten sollte ich mich auch dahinter befinden. In meiner Angst klammerte ich mich fest an meinen Mann, doch auch er konnte mir keinen Mut zusprechen. Mir blieb kein anderer Ausweg, als ich selbst zu bleiben und tapfer zu sein. Wir wurden in einem großen Raum untergebracht. Bei der Beleuchtung waren die Sicherungen herausgesprungen, und wir konnten einander kaum sehen. Ein eben erst angezündeter Ofen verbreitete einen schmutzigen Rauchgestank. Schlaftrunken stießen wir immer wieder zusammen, und wir mussten uns dicht beieinander auf harte Pritschen legen. Sofort nahm man uns Folgendes ab: Medikamente, Schreibpapier, Taschenlampen, Batterien, Verbandsstoffe und noch viele andere Dinge, die wir mit so viel Mühe zusammengehalten hatten. Wieder Geschrei, und jetzt mussten wir zur Abwechslung zum Appell antreten. Das geschah jeden Morgen um halb sieben und abends um halb sechs. Zwei deutsche Leiterinnen in grauer Uniform sollten uns inspizieren, und die eine schrie so laut herum, dass wir sehr erschraken. Diejenigen, die schon wochenlang im Lager waren und sich längst daran gewöhnt hatten, lachten darüber und meinten, wir würden uns schon auch noch daran gewöhnen. Aber wir Neuankömmlinge konnten darüber nicht lachen. Im Gegenteil, uns war eher zum Weinen zumute. Endlich durften wir wegtreten und wurden registriert. Danach steckte man uns wieder in einen anderen Raum, und wir wurden auf Krankheiten und Ungeziefer untersucht. Inzwischen war es zwölf Uhr, und wir bekamen unser erstes Mittagessen: Kohlsuppe. Miserableres Essen kann man sich nicht vorstellen. Die meisten rümpften die Nase, aber ich warf mich tatsächlich mit Heldenmut und Todesverachtung auf einen großen Tonnapf mit Essen. Mein Mann schaute mich lachend an und fragte mich, ob es denn so lecker sei. Ich nickte heftig, sagte, dass ich es ganz ausgezeichnet fand, und dachte, dass es abscheulich war, jeden Tag das gleiche Essen (und was für welches) zu bekommen.

Nun ja, man konnte daran nun einmal nichts ändern. Das war nun einmal mein Schicksal, und ich musste es, wie so viele andere, über mich ergehen lassen. Dann erfolgte die Einteilung in die Baracken. Die Männer wurden von den Frauen getrennt, denn Männer und Frauen durften nur einmal pro Woche zusammenkommen. Da gingen sie weg, unsere Männer. Sofort mussten sie ihre Wintermäntel abgeben. Die seien überflüssig, so hieß es. Und da sah ich, wie sie antreten und weggehen mussten. Und es war so kalt und nass. Ich hatte einen dicken Kloß im Hals, hielt mich aber aufrecht. Sei tapfer, sagte ich zu mir selbst. Es war schrecklich mitanzusehen, aber der Gedanke, dass wir am Sonntag wieder zusammensein würden, und sei es nur für eine Stunde, tröstete uns ein wenig. Inzwischen hatten schon viele meiner Bekannten, die wussten, dass ich unter den Neuankömmlingen war, nach mir gefragt, und mich erwartete eine herzliche Begrüßung. Nur war es schade, dass wir einander an diesem Ort und unter solchen Umständen wiedersehen mussten. Aber alle waren so außergewöhnlich lieb zu mir, dass es mich überwältigte und ich mich nicht mehr beherrschen konnte. All meinen Kollegen und Freunden von früher an diesem Ort des Elends zu begegnen, war mehr, als ich ertragen konnte. Die Spannung, die ich während dieser ganzen Tage empfunden hatte, löste sich, und ich brach in heftiges Schluchzen aus, was nur allzu verständlich war. Es erleichterte mich wirklich, aber trotzdem wurde ich an diesem Tag noch mehrere Male von Weinkrämpfen überfallen. Immer hatte ich nur diesen einen Gedanken, den Gedanken, aus dieser Hölle zu entkommen. Beim Antreten zum Abendappell entdeckte ich noch mehr Bekannte.

Sie fragten mich, ob es in Amsterdam noch Juden gebe. Darüber musste ich wirklich lachen, denn wenn man noch einige Hundert Menschen abtransportierte, würde das nicht mehr lange der Fall sein. Wahrscheinlich würde es nicht mehr sehr lange dauern, und man

hätte Amsterdam und wahrscheinlich die ganzen Niederlande tatsächlich entjudet. Endlich war der Tag vorbei, und ich konnte mich ins
Bett legen. Erst bekamen wir noch ein drittes Kommissbrot, das wir
uns für zwei Mahlzeiten einteilen mussten. Abends und morgens ein
paar Scheiben Kommissbrot mit Butter. Am Abend meiner Ankunft
war es trockenes Kommissbrot. Wirklich anregend. Hunger hatte ich
keinen. Ich wollte nur noch schlafen gehen.

Der Schlafsaal war folgendermaßen eingeteilt: fünf lange Reihen mit
Betten, jeweils drei übereinander. Zusammen ungefähr 350 Betten.
Also keine Kleinigkeit. Ein unübersehbares Meer von Betten und
nichts als Betten. Daran musste ich mich erst noch gewöhnen, wie ich
mich an so viele Dinge gewöhnen musste. Ich bekam ein Bett im
zweiten Stock, und jedes Mal, wenn ich mich aufrecht hinsetzte, stieß
ich mit dem Kopf gegen das dritte Bett. Das war keine schöne
Erfahrung. Nachdem ich einen Tag in dieser Baracke zugebracht hatte,
zogen wir alle in eine andere um. Das war etwas ganz Normales und
kam häufiger vor. Sehr bald gewöhnte ich mich daran, aber es gab
andere Dinge, an die ich mich nicht so schnell gewöhnen konnte: die
WCs, zehn in einem Raum, und zwar fünf in einer Reihe und ihnen
gegenüber wieder fünf, mit einer niedrigen Mauer dazwischen. Ich
konnte mir nicht vorstellen, hier jemals entspannt sitzen zu können.
Fünf Leute nebeneinander, die sich miteinander unterhielten, als wäre
nichts. Wie war das nur möglich. Aber auch daran gewöhnte ich
mich. All diese Dinge waren noch erträglich. Dann der Waschraum:
ein großer Saal mit 30 Wasserhähnen. Pudelnackt standen wir zweimal
am Tag hier und wuschen uns. Mit eiskaltem Wasser, aber was machte
das schon? Manchmal sehnte ich mich nach einer heißen Dusche,
aber das half nichts. Alle intimen Dinge musste man hier preisgeben.
Ich muss zwar zugeben, dass Frauen untereinander nicht so viele

Probleme mit falscher Scham haben, aber ich muss auch gestehen, dass es mich große Mühe gekostet hat, meinen Widerwillen zu überwinden. Jeden Tag wurde ich um eine neue Erfahrung reicher. Am folgenden Tag, dem nach meiner Ankunft, kam plötzlich die Nachricht, niemand dürfe die Baracken verlassen. Die Verdunkelung musste vor die Fenster. Keine von uns begriff, was vor sich ging, aber das sollten wir bald erfahren.

Auf der anderen Seite unseres Lagers war ein *Häftlings*lager.[*] Dort gab es, ebenfalls hinter Stacheldraht, alle möglichen Arten von Gefangenen. Juden und Nichtjuden lebten hier zusammen. Politische, Schwarzhändler, Kommunisten und viele andere Straffälle befanden sich hinter diesen Gittern. Diese Leute (einige von ihnen wussten nicht einmal, warum sie eingesperrt waren) mussten entlaust werden. Sie wurden mit Lysol besprüht und eingenebelt, denn es hieß, sie würden Ungeziefer im Lager verbreiten. Splitterfasernackt liefen sie draußen herum und mussten so von der einen Baracke in die andere hinüber. Darum musste die Verdunkelung vor die Fenster. Hinschauen war aufs Strengste verboten, aber einige dumme und unerfahrene junge Mädchen, die den Ernst der Lage nicht erfassten und wahrscheinlich auch voller brennender Neugierde waren, hoben leise den Vorhang hoch und schauten doch. Das fand ich unmöglich, und ich fragte mich, wo die Moral geblieben war, denn bei manchen war davon nicht viel zu spüren. Den ganzen Tag mussten wir drinnen bleiben, und ich dachte voller Mitgefühl an diese armen Männer. So verging ein Tag nach dem anderen, und jeder Tag, auch wenn er auf den ersten Blick dem anderen glich, brachte etwas Neues.

[*] «Häftling» im Original auf Deutsch.
    Vgl. die Nachbemerkung zur Übersetzung auf S. 187.

Nach ein paar Tagen, als mein Mann mich besuchen durfte, erzählte er mir, dass sich einer unserer besten Freunde im *Häftlings*lager befand. Ich hatte geglaubt, dieser Mann, der für mich wie ein Bruder war, sei schon lange in Polen, also war es nicht verwunderlich, dass ich über diese Neuigkeit heftig erschrak. Er litt entsetzlichen Hunger und besaß keinen einzigen Cent. Ich wollte nicht versuchen, ihn zu sehen oder zu sprechen, denn meinen besten Freund in einer solchen Situation zu sehen, war wirklich das Letzte, was ich mir hätte wünschen können. Außerdem war es uns verboten, uns beim *Häftlings*lager aufzuhalten oder uns mit den Inhaftierten abzugeben. Dennoch, trotz allem, wünschte ich mir, diesem Mann zu begegnen. Und eines Tages, etwa eine Woche nach meiner Ankunft, ganz unerwartet, in einem Moment, als ich nicht damit rechnete, sah ich ihn plötzlich am Zaun stehen. Er wusste, dass ich da war, und ich erschrak sehr, als ich ihn sah. Da standen wir einander gegenüber, durch zwei Reihen Stacheldraht getrennt. Was sollten wir zueinander sagen? Wir konnten uns nur mit ein paar Gesten verständigen, und wir begriffen, dass er Hunger hatte. Mit viel Mühe gelang es uns, ihm etwas zu geben, sodass er sich zumindest in der Kantine etwas kaufen konnte. Was für ein Elend. Ich konnte das alles einfach nicht begreifen. Dieser Mann und mit ihm so viele andere saßen unschuldig hinter Stacheldraht. Was sollte das alles? Was hatten diese Menschen eigentlich für ein Verbrechen begangen? Und ging es uns, die wir auf der anderen Seite des Stacheldrahts waren, eigentlich besser? Der einzige Unterschied war, dass in unserem Lager jeder seine eigene Kleidung tragen durfte, während die anderen in gestreiften Anzügen herumliefen. Häftlinge durch und durch. Täglich sahen wir sie, aber mit ihnen sprechen durften wir nicht. Das war lebensgefährlich und würde sehr hart bestraft werden. Und so quälten wir uns stumpf durch die Tage.

Nach ein paar Tagen wurde mir eine Aufgabe zugeteilt. Es hieß, jede Frau und jeder Mann müsse arbeiten, und niemand dürfe ohne Tätigkeit sein. Es gab ein Atelier, wo schon viele arbeiteten. Einen Ordnungsdienst,* einen Außendienst, einen Gartendienst, Meldegänger und noch viel mehr Ämter, mehr als ich mir merken konnte. Das alles schien mir unwichtig. Wenn das Wetter schön war, saßen wir draußen am Weg oder liefen ein wenig in der kleinen Gasse zwischen den Baracken hin und her. Herrlich in der Sonne. Kinder spielten im Sand, und die großen unter ihnen, die eigentlich auch noch Kinder waren, spielten ebenfalls ein wenig miteinander. Eines von ihnen hatte von irgendwoher ein Seil bekommen, und – mit einem ganzen Schwanz von Leuten hinter sich – vertrieben sie sich zum großen Vergnügen derer, die um sie herumsaßen, die Zeit mit Seilspringen. Ich fragte mich, wie lange das wohl gut gehen würde, denn uns allen war klar, dass man uns das auf die Dauer sowieso nicht erlauben würde. Dafür waren wir schließlich nicht hergekommen, und wir durften vor allem nicht vergessen, dass wir Juden waren, in Verbannung und nicht im Sommerurlaub. Trotzdem stellte ich fest, wenn das Essen etwas besser wäre und die Pakete regelmäßig durchkämen und abgegeben würden, wäre alles noch einigermaßen erträglich. Meine Aufgabe bestand nämlich darin: Jeder Neuankömmling musste eine Stunde am Tag die WC-Wache übernehmen, und diese Ehre wurde auch mir zuteil. Kontrollieren, dass die WCs bloß nicht beschmutzt wurden. Eine sehr erhebende Tätigkeit. Als meine Stunde vorbei war, wurde ich von einer Bekannten abgelöst. Wir witzelten beide darüber und versuchten, das Lustige an der Sache zu sehen.

An einem Abend kam ich aus dem Waschraum und hörte aus meiner Baracke ein Höllenspektakel. Einen heftigen Streit, und nach

---

* Die Lagerpolizei.

einer kurzen Zeit wusste ich auch, was los war. Zwei Mädchen, die im Atelier arbeiteten, hatten von den Häftlingen Leckereien und andere Dinge bekommen. Außerdem hatten sie sich mit den Häftlingen unterhalten, und es kam heraus, dass das schon mehrfach vorgekommen war. Andere Mädchen, die wahrscheinlich etwas mehr gesunden Menschenverstand besaßen, hatten es der Barackenleiterin mitgeteilt. Die Sünderinnen wurden zur Verantwortung gezogen, und es kam zu einer Auseinandersetzung, die so heftig war, dass es Handgreiflichkeiten gab. Innerhalb kurzer Zeit brach in der Baracke ein richtiger Aufstand aus, und alle erschraken darüber heftig. Ein Kampf zwischen Frauen. Wie war das nur möglich. Ich sah, dass eine ein paar tiefe Kratzer im Gesicht abbekommen hatte, und es wurde so laut geschrien, dass einem Hören und Sehen verging. Der Oberbarackenleiter wurde geholt, und er drohte, das gesamte Lager werde auf Straftransport nach Westerbork und von dort aus nach Polen geschickt. Mit dieser Strafe drohte man uns fortwährend, wenn sich herausstellte, dass eine von uns sich mit den Häftlingen eingelassen hatte. Deshalb war die Angst groß. Und das nur, weil zwei junge Mädchen, die sich über ihr Tun und Lassen keine Rechenschaft ablegten, ein wenig mit diesen armen Leuten geflirtet hatten, die doch ohnehin übel dran waren. Aber es ging gut aus. Dem Barackenleiter gelang es, die Sache taktvoll ins Reine zu bringen, und so beruhigten sich alle wieder. Durch die Menge der Frauen ging ein Seufzer der Erleichterung. Endlich war wieder Ruhe eingekehrt (wenn man das Ruhe nennen konnte). Über den Vorfall wurde noch lange gesprochen, bis er irgendwann in Vergessenheit geriet.

Langsam gewöhnte ich mich an das Leben im Lager. Oder eigentlich war es kein Gewöhnen, denn ich gewöhnte mich nie daran, aber ich fügte mich in meine Situation, obwohl es immer neue Dinge gab, die ich abstoßend fand. Mit einer so großen Menschenmasse in einem Waschraum, in dem es nach aufeinanderklebenden Frauenkörpern stank. Nach ungefähr zehn Tagen wurde mir eine Tätigkeit bei der hygienischen Versorgung zugeteilt. Ich musste kontrollieren, ob sich jede morgens und abends auch anständig wusch. Aber nach einer Woche hatte ich genug davon. Ich lehnte die Tätigkeit dankend ab und gab sie an eine andere weiter. Glücklicherweise war ich sie wieder los. Ich wollte, wenn das möglich war, nicht mehr Zeit im Waschraum zubringen als unbedingt nötig. Aber man wird hart, oder eigentlich abgehärtet, und das ist auch wichtig. Vierzehn Tage bin ich nun im Lager und habe in dieser kurzen Zeit mehr durchgemacht als in all den Jahren davor. Aber ich sollte noch viel mehr durchmachen müssen. Plötzlich machte das Gerücht die Runde, das gesamte Lager (Männer wie Frauen) müsse entlaust und desinfiziert werden. Das war wieder etwas ganz Neues. Wir konnten es nicht glauben und dachten, es sei nur ein wildes Gerücht, weil solche Geschichten oft ausgeschmückt wurden; diesmal jedoch war es wirklich so, und wir hörten plötzlich, dass man mit der Entlausung der Männer angefangen hatte. Wieder heftiges Erschrecken und große Bestürzung. Nach Desinfektion und Entlausung (welcher anständige Mensch wäre jemals auf den Gedanken gekommen, einen solchen Ausdruck zu gebrauchen) fanden sich die Männer ohne Armbanduhren, Eheringe und Beträge über zehn Gulden wieder. Schöne Aussichten für uns, denn innerhalb weniger Tage sollten die Frauen dasselbe Schicksal erleiden, und jede von uns fand diese Vorstellung ganz entsetzlich.* Zuerst mussten wir an einem Abend alle ins Magazin, um unser Gepäck zu holen, denn das musste ebenfalls desinfiziert werden. Das gab ein schreckliches Durcheinander. Tausende und Abertausende Rucksäcke hatte man

---

*   Hier wurde eine halbe Seite durchgestrichen.

draußen ausgebreitet, angeblich in alphabetischer Reihenfolge, und für jede war es eine große Strapaze, darunter ihre eigenen Sachen zu finden. Im Schlafsaal herrschte auch ein Durcheinander, denn der gesamte Inhalt der Rucksäcke musste auf den Betten ausgebreitet werden. Ebenfalls für die Desinfektion. Inzwischen traf ein Transport nach dem anderen ein. Schlafplätze für diese Menschen gab es nicht, denn alle Betten waren besetzt. Aber was machte das schon? Wen kümmerte es, ob die Menschen, die zum Beispiel schon einige Tage im Theater gewesen waren und todmüde hier ankamen, ein Bett hatten oder nicht? Zwei Menschen, die nebeneinander schliefen, mussten einen Dritten bei sich aufnehmen, und es wurde immer enger und voller in der Baracke. Dreihundert Betten, und vierhundert Menschen mussten darin schlafen. Außerdem brach über die Neuankömmlinge sofort die Entlausung herein. Hätte man sich in diesem Moment etwas Schlimmeres vorstellen können? Was für eine Ankunft. Es war wirklich entmutigend, doch die meisten standen die Sache trotzdem tapfer durch. Und nach ein paar Tagen ging es los. Wir hatten alle im Voraus ein Bündel Kleidung bereitlegen müssen, das wir nach der Desinfektion anziehen sollten. Man riet uns, so wenige Kleidungsstücke wie möglich anzuziehen und vor allem alte Sachen, denn die würden wir zurücklassen müssen, und wir gingen davon aus, dass wir sie nicht zurückbekommen würden. Es war ein kalter, ungemütlicher Morgen, als wir antreten mussten, um uns in unser Schicksal zu fügen. Ein paar Stunden mussten wir draußen stehen und warten. Einige waren barfuß, denn bei Weitem nicht jede besaß ein zweites Paar Schuhe. Wie sollten sie diesen schrecklichen Tag nur durchstehen! Wir waren noch naiv genug, zu glauben, das Ganze wäre in ein oder zwei Tagen überstanden. Daraus wurden nicht weniger als fünf. Und während dieser Zeit konnten wir keine anderen Kleidungsstücke anziehen. Alles war einfach nur schrecklich, und es schien, als

würde es kein Ende nehmen. Mädchen ohne Oberbekleidung, als
wären sie am Strand. Eine Lungenentzündung konnte man sich holen.
Inzwischen regnete es auch, und bald waren wir ganz starr vor Kälte.
Eine Baracke nach der anderen sollte desinfiziert werden, und meine
auch noch als erste. Dann ging es endlich los, und die Entlausung
begann. Draußen, abgeschirmt durch ein paar Pappwände, mussten
wir unsere Kleidung ausziehen. Unter der Aufsicht einiger Offiziere
(des *SS-Obersturmführers* und noch anderer von seiner Sorte) und einiger deutscher Leiterinnen wurden wir mit einem Insektenschutzmittel
besprüht. Danach mussten wir nackt durch die Baracke, wo uns noch
einige «Herren» passierten, und dann ging die Sucherei nach unserer
Kleidung los. Es war eine hoffnungslose Angelegenheit, und einige
konnten ihre Sachen nicht mehr finden. Sie waren dem Weinen näher
als dem Lachen, und bei den meisten von uns waren die Nerven zum
Zerreißen gespannt. Das Ganze ging auf eine so menschenunwürdige
Weise vor sich, dass die Erinnerung daran mich nie verlassen wird.
Wozu diese Veranstaltung diente, begriffen wir nicht und würden es
übrigens auch nie begreifen. Wir mussten es einfach hinnehmen. Das
taten wir auch. Die ganze Angelegenheit berührte mich nicht, und ich
nahm das alles auch nicht als Beleidigung wahr. Ich ging von dem
Gedanken aus, dass es keine Menschen waren, die uns das antaten
– warum sollte ich mich also beleidigt fühlen? Und weil ich plötzlich
alles als merkwürdiges Schauspiel wahrnahm, fing ich an, laut zu
lachen, zur Erleichterung einiger meiner Bekannten, die, obwohl sie
zuerst lieber geweint hätten, mit mir lachten. Als wir endlich wieder
unsere Kleidung anhatten, konnten wir in eine andere Baracke
umziehen. Unter uns gab es Frauen, die sich kein Kleiderbündel
zurückgelegt hatten, und die mussten Militäranzüge anziehen.
Das sah so komisch aus, dass ich mich mehrfach fragte, ob wir noch
in einer normalen Welt lebten, obwohl wir daran oft zweifelten.

Jeden Tag gab es etwas Neues, und eine Sache war verrückter als die andere. Vier Nächte lang waren wir nicht aus den Kleidern gekommen. In einer Baracke, die Platz für 350 Personen bot, wurden einfach 850 untergebracht. Zu fünft saßen wir nachts (schlafen konnte man das nicht nennen) oben auf zwei Betten. Brot gab es nicht für alle. Warmes Essen auch nicht genug. Eine kleine Schale Essen und zwei Kartoffeln. Dazu Geschrei aus allen Richtungen, die Leute hätten Hunger. Ich sah, wie alte Frauen in Soldatenzeug herumliefen, mit Holzschuhen an den Füßen. Es war ein schrecklicher Anblick.

An einem dieser Tage, als wir mittags draußen standen, weil das Wetter schön wurde und wir wussten, dass unsere Männer an den Zaun kommen würden, erschien der *Obersturmführer* mit einer großen Wasserspritze und jagte uns alle von der Straße in die Baracke. Die Fenster mussten geschlossen werden, weil er einfach hineinspritzte. Es entstand eine schlimme Panik, denn wir fielen geradezu übereinander, um in die Baracke zu kommen. Die Stimmung wurde bedrohlich, und unter den Frauen brachen heftige Streitigkeiten aus. Endlich, nach einigen Tagen, erfuhren wir, dass unsere Baracke fertig desinfiziert war und wir wieder zurückkonnten. Ein Freudenjubel, und das nur, weil wir, Gefangene in einem Konzentrationslager, aus der einen Baracke in eine andere umziehen durften. Diese wurde gründlich geputzt, und endlich waren wir wieder «zu Hause». So weich waren wir schon geworden, dass wir unsere Baracke als Zuhause betrachteten. Ein deutliches Zeichen für die Weiterentwicklung der Gesellschaft, oder nicht? Und all dieses Elend hatte sich während der Ostertage abgespielt, am Sederabend, an den Festtagen, die vielen von uns so wichtig sind. Was ging an diesen Abenden, während uns die größte denkbare Beleidigung angetan wurde, in uns vor? Welcher Außenstehende kann sich davon eine Vorstellung machen? Wie Tiere in einem Stall untergebracht. Eine sogenannte Säuberung, die reine Schikane war. Ungewaschen, die Kleidung nicht gewechselt. Fast nichts zu essen. Von allen Seiten gequält. Trotzdem, auch wenn uns das alles angetan wurde, verloren wir den Mut nicht. Wir ließen uns nicht treten. Und trotz des Elends, in dem wir lebten, schafften wir es, hin und wieder ein paar Späße zu machen. Wir ließen den Mut nicht sinken. Es wurde fröhlich gelacht und gesungen, und jemand brachte das folgende Lagerlied auf:

1

Wir sind jetzt in Vught, kein Vergnügen.
Man brachte uns hierher in Zügen.
Es ist hier nicht leicht, weil das Essen nicht reicht,
Doch 'ne schön schlanke Linie wir kriegen.

2

Die Schwarzen wissen, wie wir heißen.
Dem eig'nen Haus sie uns entreißen.
Ich sprach: Bitte mein Herr! Stempel hier, bitte sehr!
Doch es hieß: Auf den Wisch kannst du scheißen.

3

Die Kerle, sie wollten es schaffen,
Ganze Haushalte mit sich zu raffen.
Auch ich ging Schritt für Schritt mit den Dreckskerlen mit,
Denn ich fürchtete so ihre Waffen.

4

Sie achteten nicht auf unser Klagen,
Sondern luden uns in einen Wagen.
Zum Theater, schnell, schnell, bracht' man uns auf der Stell'
Und ohne nach Fahrgeld zu fragen.

5

Im Theater war es schön nicht länger,
Da war kein Orchester, kein Sänger.
Der Saal war zwar voll, doch die Laune nicht toll,
Und die Stimmung, die wurd' immer bänger.

6

An Schlafen war gar nicht zu denken,
Am Boden, auf Stühlen und Bänken.
Ab und zu konnt' wer weg, aber ich hatte Pech.
Niemand wollte die Freiheit mir schenken.

7

In der Tiefe der Nacht, leise, leise,
Ging per Straßenbahn weiter die Reise.
Die Fahrt ging nach Vught, so ging das Gerücht.
Und SS-Männer säumten die Gleise

8

Wir konnten es einfach nicht fassen:
Uns mussten die Männer verlassen.
Wir dachten: Oh Gott, morgen sind wir kapott!
Und begannen das Lager zu hassen.

9

Wir wurden so zahm wie die Schafe,
Das konnten wir schnell schon im Schlafe.
Und selbst die Klosetts, die waren so nett,
Die standen zu fünft, sonst gibt's Strafe.

10

Uns're Männer, die sehn wir nur selten,
Eine Stunde, mehr lässt man nicht gelten.
Ein einziger Kuss, aber danach ist Schluss,
Denn die Schildwache wird uns sonst schelten.

11

Ich hoff, dass wir weiter bald reisen,
Der Zug wartet schon auf den Gleisen,
Statt Suppe mit Brot holt uns dann aus der Not
Lecker Kugel* und andere Speisen.

Dieses Lagerlied bedurfte keiner weiteren Erklärung und wurde immer sehr ausgelassen gesungen. Von Zeit zu Zeit hielt man sogar Kabarettabende ab, und dann gab jeder sein Bestes. Danach waren immer alle zufrieden. Unter uns befand sich eine Sängerin, die man aus dem Radio kannte und der ich immer sehr gerne zugehört hatte. Ihre Stimme berührte mich immer wieder, und auch hier wusste sie ihre Chansons auf eine so gefühlvolle Weise vorzutragen, dass ich (und mit mir so viele andere) eine tiefe Rührung empfand. Immer, wenn unter uns Verzweiflung herrschte, gelang es ihr,

---

* Kugel ist ein Gericht der aschkenasisch-jüdischen Küche,
das traditionell am Sabbat gegessen wird.

uns mit ihrer Gabe daraus zu befreien, und wir lebten wieder auf. Aber wie oft hatten wir diesen Tiefpunkt nicht schon erreicht? Dann lag ich im Bett und hörte, wie jemand leise weinte. Das wirkte immer ziemlich ansteckend, und nach kurzer Zeit weinten mehrere Leute. Aber was half das alles? Es hatte keinen Zweck, sich aufzugeben. Wir alle hatten ein und dasselbe Ziel: gesund zu bleiben und das Ganze zu überleben. Das war wirklich das Wichtigste von allem: gesund und stark zu bleiben. Aber wie vielen glückte das? Für Kranke gab es überhaupt keine Hilfe. Über ein Leiden oder eine Missbildung durfte man nicht sprechen, denn jede chronische Krankheit wurde registriert, und diejenigen, die an so etwas litten, wurden nach Westerbork geschickt. In Vught war man überhaupt nicht auf kranke Menschen eingestellt. Und diejenigen, die ein Gebrechen hatten, versuchten es ängstlich zu verbergen. Man durfte doch schließlich nicht krank sein? Immer wieder sah ich Menschen, die arg litten, und das schlechte Essen machte alles noch schlimmer. Wir kämpften uns durch die Tage. Es gab Menschen, die mit der Zeit an Unterernährung litten. Fast jeder quälte sich mit Durchfall, und es ist sicher nicht übertrieben, wenn ich sage, dass das an fünf von sieben Tagen in der Woche der Fall war. Den einen Tag gab es «Eintopf», den anderen «Kohlsuppe», aber es schmeckte immer gleich. Nur ganz selten bekamen wir stattdessen in Wasser gekochten Sauerkohl. Dazu ein paar schmutzige Kartoffeln, die wir selbst schälen mussten. Manchmal auch Spinat, und einmal hatten wir sogar Makkaroni, aber die waren widerlich zubereitet, wie Klebstoff. Manchmal war das Essen wirklich zum Erbrechen, aber trotzdem aßen wir tapfer weiter. Wir lebten wie weibliche Militärs, und nicht selten hatte ich das Gefühl, als ob ich

Frank van Wezels ruhmreiche Jahre durchlebte.[*] Nur hatte er es besser, denn damals ging es nur um Mobilmachung, und wir waren Gefangene. Und dann das Geschrei der Deutschen.

An einem Abend (als ich noch den Waschraum kontrollieren musste) passierte Folgendes: Wir mussten jeden Abend um neun Uhr im Bett liegen. Dann durfte sich niemand mehr im Esssaal oder im Waschraum aufhalten. Alle mussten im Bett liegen, aber wie das nun mal so geht, gibt es immer Trödler, die sich nicht daran halten. Ich war auch noch im Waschraum, musste warten, bis die Letzte im Bett lag. Plötzlich hörten wir ein Geschrei, das nichts Menschliches mehr an sich hatte. Die Tür des Waschraums flog auf, und zwei «Herren» standen im Eingang. Wir erschraken, als sei etwas ganz Schlimmes geschehen. Ein paar Mädchen, die nackt dastanden, versuchten sich so schnell wie irgend möglich zu bedecken. Sie rannten Hals über Kopf nacheinander in den Esssaal und von dort aus in den Schlafsaal. Als Letzte lief ich mit einer Bekannten hinterher. Als wir im Schlafsaal waren, kamen sie uns nach. Ich dachte wirklich einen Augenblick lang, ich würde einen Schlag auf den Hintern abbekommen, aber die Sache ging gut aus.

Im Schlafsaal, wo es dunkel war, fiel meine Freundin über einen Stapel Rucksäcke und Decken, die noch ins Magazin gebracht werden mussten. Ich fiel auch über den ganzen Kram, und kurz lagen wir hilflos da und ruderten mit Armen und Beinen. Da konnte ich mich nicht mehr beherrschen und bekam einen so schrecklichen Lachkrampf, dass ich laut lachen musste. Die Wache stand immer noch auf der Schwelle und forderte schreiend Ruhe. Ich wurde angezogen zu

---

[*] Die Verfasserin bezieht sich hier auf A.M. de Jongs Roman *Frank van Wezels roemruchte jaren*, der im Ersten Weltkrieg spielt. Eine deutsche Fassung liegt nicht vor.

jemandem ins Bett gezerrt, und dort blieb ich liegen, bis die Luft wieder rein war. Es war ein beklemmender Moment gewesen.

Am Abend darauf lag ich im Bett, bevor die Letzte den Waschraum verlassen hatte. Dann hatte ich genug und gab den Posten ab. Ein paar Tage später sollte ich beim Außendienst anfangen, aber auch das war nur von kurzer Dauer. Alle Frauen und Mädchen im Alter zwischen sechzehn und vierzig mussten sich registrieren lassen. In einer der Baracken auf dem Lagergelände wurde eine Philips-Fabrik eröffnet, und da mussten die Frauen an Radioteilen arbeiten. Auch ich hatte mich registrieren lassen und wurde, wie bei einer Razzia, dafür ausgesucht, am Tag nach der Registrierung mit der ersten Zehnergruppe anzutreten und in die Fabrik zu gehen. Dazu hatte ich aber keine große Lust. Das Ganze spielte sich während der Tage ab, als wir uns wegen der Entlausung nicht umziehen konnten, und mir stand wirklich nicht der Sinn danach, ungewaschen und während ich mich so unwohl fühlte, anzutreten und ein paar Radios zu produzieren, aber es half nicht viel, dass ich protestierte, und meine Freundin, die mit mir zusammen ausgewählt worden war, fand das Ganze noch schlimmer.

Wieder wurden wir zum Registriertisch geschleift (wenn sie nicht wussten, was sie anfangen sollten, ging es wieder los mit der Registrie-rerei) und sollten mit den ersten zehn antreten, aber im allerletzten Augenblick gelang es uns zu entwischen. Für den Moment hatten wir Ruhe. Wir achteten ein paar Tage lang darauf, nicht zu sehr aufzufal-len, und seitdem sind zehn Tage vergangen, und wir waren noch nicht bei Philips.

Bei der zweiten Razzia wurde ich aufgegriffen. An einem Morgen, als ich vom Außendienst zurückkam, sah ich, dass der *Obersturmführer* einige junge Mädchen direkt vom Erdwall neben dem Weg mitnahm. Ich war mit zwei Freundinnen zusammen. Ich achtete kurz nicht darauf, was vor sich ging, und hörte plötzlich eine Stimme hinter mir, die befahl, ich solle stehen bleiben. Ich tat einfach, als ob ich nichts hörte, und versuchte weiterzugehen. Aber nein, ich wurde an der Schulter gepackt und musste mit, eine Baracke säubern, denn man beschuldigte mich, wie andere am Wall gesessen zu haben. Erstaunt über so viel freche Dreistigkeit fügte ich mich in mein Schicksal, und meine Freundin, die überhaupt nicht mitgemusst hätte, begleitete mich freiwillig. Unter den Augen von zwei weiblichen NSBlern* mussten wir den Boden fegen und die gesamte Baracke säubern. Uns wurde mitgeteilt, wir sollten gar nicht erst ans Weglaufen denken, denn dann würden wir gewaltigen Ärger bekommen. Sie schrien, als hätten wir wer weiß was für schreckliche Taten auf dem Gewissen, und wir sollten am Mittag zurückkommen. Aber glücklicherweise hatte ich einen guten Grund wegzubleiben, denn ich sagte, ich hätte mir die Schulter geprellt, und brauchte deswegen mittags nicht weiterzumachen, und meine Freundin auch nicht. Jeden Tag erlebten wir verrückte Dinge, und wenn es einmal nichts Besonderes gab, wurden uns Strafen angedroht. Wenn Strohhalme auf dem Weg lagen, und wir hoben sie nicht schnell genug auf, wurden wir damit bestraft, dass die Männer nicht kommen durften. Ein gemeineres Argument hätte man sich nicht ausdenken können. Jede Minute gab es etwas anderes. Zitternd und bebend fragten wir uns, ob die Männer wohl kommen durften, denn das wussten wir nie vorher. Wenn sie kamen, dann merkten wir das schon von selbst, und es war ja auch dann nur eine kurze Stunde zwischen sieben und acht am Sonntagabend. Als man die Männer desinfiziert hatte und die Frauen noch nicht, fanden

---

* NSB = Nationaal-Socialistische Beweging in Nederland. Siehe im Glossar unter «NSB».

keine Besuche statt. Die Männer hätten die Frauen schließlich infizieren können. Wenn einer der Männer etwas zu dicht an den Zaun kam und versuchte, seine Frau kurz zu sehen, wurde er sofort verprügelt. Es war falsch, seine Frau kurz sehen zu wollen. Das durfte man nicht. Trotzdem gab es Männer, die manchmal ins Frauenlager vordringen konnten. Aber wenn das herauskam, stand ihnen Schreckliches bevor. Dann konnte es vorkommen, dass das gesamte Lager dafür bestraft wurde. Und dann der Appell. Um fünf Uhr mussten wir aufstehen, denn um halb sieben war Appell. Im strömenden Regen mussten wir dastehen, und dann passierte es ab und zu, dass wir nicht einmal gezählt wurden und nach einer Stunde wieder wegtreten mussten. Das war etwas ganz Normales. Ein paar Stunden später durften wir dann wieder antreten und noch mal eine Stunde Appell stehen.

Eins muss ich allerdings ehrlich zugeben. Die deutschen Leiterinnen waren besser als die sogenannten holländischen. Diese hatten meinen Lagergenossinnen bei ihrer Ankunft so schlimme Dinge angetan, dass sie froh waren, ein paar Wochen lang von ihnen erlöst zu sein, als sie nach Deutschland gingen. Doch sie kamen wieder zurück. Ruhiger, aber immer noch wie Tiere. Diese Mädchen, die im gewöhnlichen Leben ganz einfache Dienstboten gewesen waren, fühlten sich im Lager wie Königinnen. Sie fanden nichts dabei, eine Frau zu schlagen, und ließen die Menschen in der Eiseskälte mit dem Gesicht im Sand liegen und stundenlang die unmöglichsten Dinge tun. Diese Menschen sorgten dafür, dass es in der Gesellschaft zivilisiert zuging. Sie leisteten ihren Beitrag zu einem neuen Europa. Sie ahmten in allem die deutschen Leiterinnen nach und machten sich damit völlig lächerlich. Die deutsche Leiterin war zumindest anständig und hatte ihnen verboten, uns gegenüber in einer solchen Weise aufzutreten.

War es also ein Wunder, dass ein Schauder des Widerwillens durch das Frauenlager lief, als wir hörten, dass sie zurückkamen? Solche Sadisten, die es als Sport ansahen, andere zu quälen und ihnen zu schaden. Wenn wir zum Appell in der Reihe standen und sie an uns vorbeiliefen, hörte ich, wie sie von allen Seiten mit Flüchen bedacht wurden. Innerlich musste ich darüber manchmal sehr lachen, denn was nutzte das letztlich? Wir konnten nur auf bessere Zeiten hoffen. Und die mussten doch irgendwann kommen. Wir würden doch wohl nicht für immer in diesem Sumpf des Elends bleiben müssen? An dieser Hoffnung hielten wir uns fest und sprachen einander Mut zu.

Und jede Woche brachte neue Transporte. Sogenannte Freiwillige. Hätte sich jemand eine größere Unterdrückung und größeren Terror vorstellen können? Wie konnten sie es wagen, in einer Zeit, in der uns nicht mal Gedankenfreiheit zustand, von Freiwilligen zu sprechen? Sie machten es sich immer leichter und versuchten nicht einmal mehr, die Leute aus den Häusern zu holen. Solche Rassenschänder. Wie sehr wir uns nach dem Tag der Vergeltung sehnten! Und trotzdem, trotz allem war das Leben im Lager erträglich.

Ich sitze gerade auf meinem Bett und schreibe das alles auf. Aus dem Esssaal kann ich Lärm hören. Meine Lagermitinsassinnen organisieren einen Kabarettnachmittag. Die Stimmung ist ziemlich gut. Mit Optimismus halten wir uns alle aufrecht, und so sprechen wir uns Mut zu.

Die Nacht, die vorbei ist, hat auf mich einen so tiefen Eindruck gemacht wie kaum eine andere. Es war nämlich im Lager üblich, dass jede Nacht zwei von uns aufbleiben mussten, falls jemand krank wurde. «Wache» wurde das genannt. In der Nacht vom 30. auf den 31. April sollte ich mit einer früheren Bekannten die Wache übernehmen, und wir versprachen uns selbst eine angenehme Nacht.

Der Ofen brannte munter vor sich hin, und weil wir viel für uns selbst zu tun hatten, fingen wir schon früh damit an, ein Wachslicht und einige andere Dinge in den Esssaal zu bringen. Wir wurden von allen Seiten bestürmt, doch etwas für die Leute zu kochen. Es gab nämlich jeden Tag immerzu Streit um den Ofen, denn jeder wollte etwas kochen, und ein einziger Ofen für 350 Leute war wahrhaftig kein Luxus. Kein Wunder, dass es am Ofen manchmal zu Schubsereien kam, weil die Leute versuchten, sich für kurze Zeit ein Plätzchen zu erobern, um ein wenig Wasser heißzumachen, sei es für Tee oder für etwas anderes. Und so sollten wir beide also über den Ofen herrschen, und wir versprachen uns selbst alles Mögliche, aber es kam ganz anders. Diese Nacht wurde eine der schlimmsten. Um neun Uhr, als alle ins Bett mussten, begann unsere Wache. In unserer Baracke gab es einige Krankenschwestern und eine Ärztin. Eine der Krankenschwestern hatte mir aufgetragen, von Zeit zu Zeit kurz den Schlafsaal zu kontrollieren, um zu schauen, ob jemand etwas brauchte. Wir hatten ungefähr fünfzig Kranke mehr als vorher. Das war eine Folge der Entlausung, bei der wir alle nackt hatten draußen stehen müssen. Es gab Leute, die Fieber hatten, und auf die musste man ständig aufpassen. Und für die Kranken gab es so wenig Hilfe. Ärzte waren

[*]   31. April steht im Manuskript.

genug anwesend, aber keiner von ihnen hatte Material bei sich. Also wehe denen, die wirklich ernsthaft krank wurden. Babys schmolzen weg wie Schnee in der Sonne. Für Kinder unter zwei Jahren war Überleben unmöglich. Masern und Scharlach waren etwas ganz Normales. Manchmal starben die Kinder, ohne dass jemand hätte sagen können wieso. Sie kamen gesund und munter hier an, und woran starben sie? Ältere Menschen starben auch. Einmal sogar vier in einer einzigen Nacht. Eine der Baracken wurde als Krankensaal eingerichtet. Der war für die ernsthaft kranken Patienten gedacht. Ein paar Leute, die gar nicht dafür ausgebildet waren, schwangen dort das Szepter. Es war ein großes Unglück, wenn man in den Krankensaal aufgenommen wurde, und manchmal war es dort so voll, dass man keine Patienten mehr aufnehmen konnte. Sie mussten dann im Schlafsaal bleiben, und so kam es, dass die Wache sie kontrollieren musste. Unter den Kranken war eine Freundin von mir. Einige Tage, bevor ich die Wache übernehmen sollte, hatte sie nachts einen fürchterlichen Blutsturz, der fast nicht mehr zu stillen gewesen war. Als ich am nächsten Tag kurz bei ihr war, erzählte sie mir die ganze Geschichte. Die Ärztin und die Schwester hatten ihr zur Seite gestanden, ihr etwas Chinin gegeben, und mit viel Mühe war es ihnen gelungen, den Blutsturz zu stoppen. Nach ein paar Tagen ging es ihr wirklich ein wenig besser, und wir dachten, sie würde sich bald erholen. An dem Abend, als ich aufbleiben sollte, unterhielt ich mich noch kurz mit ihr. Sie freute sich, dass ich aufbleiben würde, und ich versprach ihr, hin und wieder nach ihr zu schauen. Der Schlafsaal war nur sehr spärlich beleuchtet. Zwei Lampen für den ganzen Raum, und die mussten abgedeckt werden, denn vor den Fenstern gab es keine Verdunkelung. Als alle im Bett lagen, übergab uns die deutsche Leiterin die Kontrolle, und sie befahl uns, das Licht im Schlafsaal auszumachen. Wir erklärten, das sei unmöglich, weil es so viele

Kranke gab. Aber es half nichts. Die Lampen mussten gelöscht werden, und als ich um zehn Uhr, bewaffnet mit einem Handdynamo, in den Schlafsaal ging, stieß ich überall an, fiel über ein paar Schemel, die im Weg standen, und schaffte es schließlich ans Ende zwischen zwei Bettreihen, ans Bett meiner Freundin. Sie war froh, dass ich kam, denn sie fühlte sich nicht gut. Ich holte ihr schnell etwas zu trinken und hoffte, es werde ihr ein wenig besser gehen. Wir dachten beide auch tatsächlich, dass es half, und sie wollte versuchen, ein wenig zu schlafen.

Eine halbe Stunde später kam ihre Nichte, die neben ihr schlief, und rief nach mir, und mit erschrockenem Gesicht erzählte sie mir, dass es ihrer Tante wieder schlecht ging. Ich ging mit ihr mit und sah sofort, dass meine Freundin wieder viel kränker geworden war. Ich suchte nach einer Krankenschwester, von der ich wusste, dass sie in der Nähe von meinem Bett schlief, und zusammen gingen wir wieder zu der Kranken. Da standen wir, aber was konnten wir tun? Währenddessen ertönte ein schreckliches Geschrei. Im Waschraum war jemand ohnmächtig geworden, und meine Kollegin, die auch Wache hatte, wusste sich keinen Rat mehr. Schnell weckte ich die Ärztin auf; erst stand ich auch noch am verkehrten Bett und machte die Falsche wach. Wir hatten viel zu tun, halfen erst der Kranken aus dem Waschraum, wieder zu sich zu kommen, brachten sie ins Bett und gingen dann zu der anderen Patientin. Die Blutung hatte aufgehört, und alle gingen wieder schlafen. Es herrschte wieder Ruhe. Zumindest glaubten wir das, aber eine halbe Stunde später wurde wieder nach mir gerufen. Der Blutfluss hatte wieder eingesetzt. Ich wusste mir nicht mehr zu helfen. Was sollte ich nur tun? Es war unverantwortlich, dass nachts keine diplomierte Krankenschwester auf war, denn wir waren doch gar nicht dafür ausgebildet und kannten uns nicht genug aus, um in einem solchen Fall die nötige Hilfe leisten zu können. Schnell holte ich wieder die Krankenschwester und die Ärztin, und wieder gingen wir an das Krankenbett. Wir wussten uns nicht zu helfen. Im Stockdunkeln standen wir mit einer einzigen Laterne hilflos bei einer Frau, die langsam aber sicher all ihr Blut verlor. Sie war nicht mehr bei Bewusstsein. Dann versuchten wir mit vereinten Kräften, sie in den Esssaal zu bringen, was uns unter großer Anstrengung gelang. Eine bewusstlose Frau im Stockdunkeln zwischen zwei Bettreihen hinauszutragen, zwischen denen man beinahe nicht nebeneinander stehen konnte – wie uns das geglückt war, wussten wir selbst nicht. Endlich konnten wir sie im Esssaal auf eine Matratze legen, und plötzlich hörte man einige laute Schüsse. Die deutschen Wachen schossen auf die Baracken, weil ein Lichtschein nach draußen drang. Wir wussten nicht, was wir tun sollten. Mit großer Mühe gelang es uns, eine Lampe abzudecken und über der Kranken aufzustellen. Aber es war keine Kranke mehr. Es war eine Sterbende. Wir standen um sie herum, und jedes Mal, wenn sie die Augen aufschlug, sahen wir, dass immer weniger von ihr übrig blieb. Ihre Augen hatten einen glasigen Ausdruck angenommen. Ihr Gesicht war das eines Menschen, der dabei war, einen schrecklichen Kampf auszutragen. Machtlos standen wir dabei, und plötzlich rannte die Ärztin in den Schlafsaal, zog ihren Mantel vom Bett und ging hinaus. Wir wussten nicht, wohin sie wollte, aber eine Stunde später kam sie mit einer Spritze zurück. Gott sei Dank konnte man nun zumindest etwas tun.

Die Patientin war wieder zu sich gekommen. Jedes Mal, wenn sie das Bewusstsein verlor, hielten wir ihr Wattebäusche mit Kölnisch Wasser unter die Nase. Das half zwar ein wenig, aber es wollte uns einfach nicht gelingen, sie bei Bewusstsein zu halten. Wir wickelten ihre Arme in warme Tücher, und auf den Bauch bekam sie eine Wärmflasche mit kaltem Wasser. All das half nichts. Sie verlor immer mehr Blut. Wie lange konnte das noch so gehen? Sie verlor entsetzlich viel Blut, und wir sahen, wie alles aus ihr herauslief. Dann bekam sie eine Spritze. Unter großer Mühe war es der Ärztin gelungen, die Wachtposten zu passieren und bis ins Männerlager vorzudringen. Dort war es ihr geglückt, an eine Spritze zu kommen. Wir folgten jeder ihrer Bewegungen voller Interesse, und unsere Nerven waren bis zum Zerreißen gespannt. Trotzdem halfen wir, so gut wir konnten, auch wenn das nicht viel war. Es sah so aus, als würde die Injektion nicht helfen. Ich hielt die Hand der Patientin fest in meiner und beobachtete ihren Gesichtsausdruck. Auf der anderen Seite stand die Ärztin und fühlte der Kranken immerzu den Puls. Ich schaute von einer zur anderen. Der Gesichtsausdruck der Ärztin gefiel mir nicht. Einige Leute waren aufgewacht und stellten sich um das Bett. Ich hörte, wie die Ärztin mit der Krankenschwester flüsterte, und ich wusste, dass das nichts Gutes bedeutete. Was für eine schreckliche Situation. Die Ärztin ließ die Patientin los und setzte sich an einen der Tische, schlug die Hände vors Gesicht. Was ging wohl in ihr vor? Sie wollte so gern helfen, und sie konnte so wenig tun. Sie hatte nicht einmal Puder zur Verfügung, um die Blutung zu stoppen. Und dann das Gesicht der Patientin. Nichts Menschliches war mehr darin. Ihren Gesichtsausdruck werde ich nie vergessen. Sie erkannte mich immer noch. Plötzlich fing sie an, mit den Händen um sich in die Luft zu greifen. Wir befürchteten das Schlimmste und hielten vor Angst und Anspannung den Atem an. Dann verschränkte sie die Arme hinter dem Kopf, und es schien, als würde sie etwas ruhiger. Inzwischen gingen zwei von uns nach draußen, um eine Wache des Ordnungs-dienstes zu verständigen. Ich ging mit, weil ich das Bedürfnis hatte, kurz etwas frische Luft zu schnappen, und um vier Uhr in der Nacht riefen wir laut um Hilfe. Man sah die Hand nicht vor Augen, und unsere Stimmen klangen unheimlich durch die Dunkelheit. Schließlich gingen zwei von uns los, um Hilfe zu holen, denn wir bekamen auf unser Rufen keine Antwort. Als die beiden die deutschen Wachtposten passieren wollten, fingen diese an zu schimpfen und riefen ihnen Gemeinheiten zu. Aber als sie das Losungswort «*Sanitäter*» riefen, durften sie weitergehen. Die Patientin hatte sich inzwischen ein wenig beruhigt. Die Injektion begann zu wirken, und nach einer halben Stunde wurde sie abgeholt und in den Krankensaal gebracht. Sie blieb am Leben, aber sie war geschwächt und völlig erschöpft. Wir blieben im größten Elend zurück, fingen an, die schmutzigen Sachen wegzuräumen, und waren todmüde, als wir um fünf Uhr die anderen weckten. Nach dem Appell um halb sieben ging ich so schnell wie möglich ins Bett, aber es war mir kein Schlaf vergönnt. Es war ein Tag so voller Aufregung gewesen, dass mir alles immerzu ganz deutlich vor Augen stand. Der Patientin geht es immer besser. Diese Frau ist so sehr in meiner Achtung gestiegen. Keine einzige Träne hat sie vergossen, während sie so entsetzlich litt. Wie viele andere hätten sich in einer solchen Situation so verhalten können? Nicht viele, das ist sicher. Die Ärztin besucht sie täglich und ist ganz begeistert. Jeden Tag gehe ich kurz zu ihr und frage nach, wie es ihr geht. In den Krankensaal darf niemand, denn dort herrscht Scharlach; das wird mindestens sechs Wochen dauern. Aber durchs Fenster kann ich sie sehen und kurz mit ihr sprechen. Ihre Nichte ist achtzehn, aber sie sagt, dass sie in dieser Nacht um Jahre gealtert ist. Ein junges Mädchen muss etwas so Schreckliches mitmachen. Auch sie hat sich stark gezeigt und bewiesen, dass sie ein tapferes Mädchen ist. Vorläufig werde ich keine Wache mehr übernehmen. Erst muss ich wieder zu mir selbst finden, denn wenn man so etwas erlebt, gerät man ziemlich aus dem Gleichgewicht. Ist es ein Wunder, wenn ich schreibe, dass man hier härter wird? Am Ende kann man alles ganz ruhig und gelassen in sich aufnehmen, und man lernt, mit allem fertig zu werden.

Heute ist Samstag, der erste Mai. Wie viele Erinnerungen sind mit diesem Datum verbunden. Der erste Mai. Ein Tag, der für sich selbst spricht. Woran denken wir heute? Ganz viele der Leute hier im Lager haben wahrscheinlich nicht einen einzigen Gedanken daran verschwendet. Aber was ist mit denen, die das sehr wohl tun? Was geht jetzt in ihnen vor? An diesem nach außen hin so völlig gewöhnlichen Tag denke ich an alle Leiter der Gewerkschaften, die so voller Illusionen waren und so bitter enttäuscht worden sind. Alle sind desillusioniert. Alles, was über die Jahre mit so viel Sorgfalt und Mühe aufgebaut wurde – vernichtet ist es. Weg mit einem Schlag. Es hat für etwas Platz gemacht, oder besser gesagt, es hat für etwas Platz machen müssen, das sich ein neues Europa nennt. Ein neues und zivilisiertes Europa. Ein Europa ohne Juden, denn die sorgen dafür, dass die Welt unzivilisiert wird. Sie können nicht morden, und was nutzt einem ein Volk, das nicht morden kann? Weg, Kultur, weg mit allem, was wir so liebten und woran wir so hingen. Mein Mann ist krank, und ich kann nicht einmal zu ihm. Fünfhundert Männer aus dem Lager sind nach Moerdijk* geschickt worden, um zu arbeiten. Als sie wegmussten, hieß es, das Ganze werde vier Wochen dauern. Sie sind schon fünf Wochen weg, und es ist keine Rede davon, dass sie zurückkommen. Wahrscheinlich werden ihnen noch mehr folgen. Aus dem Lager Vught, das erst ein *Auffanglager* war, ist nun ein *Durchgangslager* geworden. Sagt das nicht genug? Jede Woche fahren von hier aus kleine Transporte nach Westerbork. Es heißt, dass man hier ein Krankenhaus bauen will, aber ich hoffe, dass es nie fertig wird. Verrückte Berichte haben uns

---

* In Moerdijk befand sich ein Außenlager des Konzentrationslagers Vught. Siehe Glossar.

erreicht. Angeblich ist ein Streik ausgebrochen, und es gibt noch viel mehr wilde Gerüchte. Aber was davon stimmt? Wie lange werden wir noch in dieser Hölle bleiben müssen? Heute ist noch nicht viel passiert, aber vielleicht kommt das noch. Der Tag ist noch nicht zu Ende.

2. Mai '43

Gestern Abend ging es im Schlafsaal ziemlich lustig zu. Ein paar Mädchen gaben einige Lieder zum Besten. Einige scheinen zu glauben, dass sie sich auf einer Ferienreise befinden und in einer Jugendherberge sind. Die Stimmung war sehr fröhlich. Die meisten gehen davon aus, dass sie bald wieder nach Hause dürfen. Obwohl ich keine Pessimistin bin, glaube ich nicht, dass es sich nur noch um Wochen handelt. Auf dem Lagergelände werden immer mehr Baracken gebaut. Im Laufe der Woche werde ich wahrscheinlich zu Philips müssen, aber solange ich mich da heraushalten kann, versuche ich das. Manchmal fühle ich so ein Heimweh. Aber davon weiß niemand.
In den letzten Tagen hatte ich wieder schlimme Speiseröhrenkrämpfe. Ich hatte so gehofft, die hier loszuwerden, aber da habe ich mich getäuscht. Die Ärztin bei mir in der Baracke hat viel mit mir gesprochen, aber auch sie kann mich nicht heilen. Jetzt vermisse ich die Psychiaterin sehr, die mich behandelt hat. In den letzten Nächten habe ich schlecht geschlafen. Das kommt sicher von der Aufregung.

Gestern ist nichts Besonderes passiert. Am Mittag war ich kurz mit meiner Freundin in der Baracke für die alten Leute, aber was sich dort abspielt, ist mehr als traurig. Die alten Leute sterben dort in Massen. Die Barackenleiterin, eine Bekannte von mir, erzählte mir das eine oder andere. Sie bestehlen einander wie die Raben. Nachts decken sie sich mit Kleidungsstücken zu, die sie sich gegenseitig wegnehmen. Ein trauriger Anblick, wenn man sieht, wie die Alten so versuchen, das Nötigste zusammenzuraffen. Und immer wieder drängt sich mir die Frage auf, wozu das alles nötig ist. Wofür müssen diese armen Menschen büßen? Was haben sie Schlimmes getan? Der *Obersturmführer* kam herein, und als «*Achtung*» gerufen wurde, zitterten die alten Frauen vor Angst. Unter ihnen gibt es einige, die ganz aufgeweckt sind und genau wissen, wie es um sie steht. Aber das sind nicht so viele. Manchmal sind sie noch lästiger als kleine Kinder und lassen einen einfach nicht in Ruhe. Voller Mitgefühl sah ich mir das Ganze an und dachte an meine Familie. Am Morgen hatte ich einen Brief bekommen, in dem stand, dass man meine Schwiegereltern nach Westerbork geschickt hatte. Ich weine nicht mehr, denn irgendwann ist ein Mensch auch erschöpft. Außerdem will ich stark bleiben, um all das hier durchstehen zu können. Dem Heimweh oder weichen Stimmungen darf man sich hier nicht hingeben. Zu mir selbst sage ich immer, dass ich hart bleiben muss, und ich glaube, das bin ich auch wirklich geworden. Aus Amsterdam erreichen uns die unglaublichsten Berichte. Unter anderem, dass in verschiedenen Teilen der Stadt Brände ausgebrochen sind. Und dass es einen großen Streik gibt. Diesen Berichten schenke ich aber gar keinen Glauben. Allerdings hat man Hunderte von Streikenden ins Lager gebracht. Es scheint also wirklich einigen Aufruhr zu geben. Aber wir müssen sowieso alles ruhig abwarten. Vor allem ruhig und gelassen. Manchmal frage ich mich, wie wir uns fühlen werden, wenn man uns aus dieser Hölle erlöst. Denn dass wir hier rauskommen, das ist sicher. Wir haben immerzu Hunger, und es ist nicht verwunderlich, dass sich die Leute gegenseitig Lebensmittel stehlen. Das scheint etwas ganz Normales zu sein. Als ich erst kurz im Lager war, hat mich das sehr erstaunt, aber je länger ich hier bin, desto begreiflicher finde ich es. Trotzdem ist es sehr traurig, dass es so weit mit uns gekommen ist. Das ist doch wirklich ein Zeichen der Demoralisierung, wenn man einander bestiehlt. Hier gibt es dafür einen eigenen Ausdruck: «organisieren». Die Bemerkung von einer zur anderen, ob man nichts organisieren könne, liegt uns allen ständig auf der Zunge. Das ist fast ein volkstümlicher Ausdruck geworden. Heute Morgen haben wir wieder etwas Verrücktes erlebt. Eine Razzia, als wäre das gar nichts Besonderes. Plötzlich mussten sich alle Frauen für das Atelier melden. Es gibt aber gar nichts zu tun. Alles, was da entsteht, ist zur Tarnung. Ganze Tage lang sitzen die Mädchen untätig da, und die Nachtschicht, die man plötzlich wieder ins Leben gerufen hat, hat überhaupt keine Arbeit. Darum waren wir alle völlig verblüfft, als wir hörten, dass alle Frauen, die auch nur ein klein wenig nähen konnten, sich noch mal registrieren lassen mussten. (Wieder Registrierung.) Die meisten hatten allerdings keine Lust dazu. Einige waren gerade erst beim Ordnungsdienst oder beim Außendienst gelandet und hatten keine Lust, den ganzen Tag von morgens halb acht bis um sechs eingeschlossen zu werden. Aber es half nichts. Um elf Uhr heute Morgen mussten alle Frauen antreten, die noch nicht im Atelier waren, und man wurde einfach aus den Reihen geholt. Erst wurden diejenigen überprüft, auf deren Personenkarte Näherin oder etwas in dieser Art stand. Gleichzeitig gab es heftige Drohungen, dass diejenigen, die sich dem zu entziehen versuchten, zur Strafe nach Polen geschickt würden. Aber weil ich keine Angst vor ihren Drohungen habe und außerdem weiß, dass es ihre einzige Waffe ist, blieb ich still in der Reihe stehen und rührte mich nicht. Ich gehörte auch nicht zu denjenigen, die einfach so ausgesucht wurden. Das Ganze lief wieder völlig chaotisch ab. Wirklich gut organisiert. Zurück in der Baracke, brüllten wir vor Lachen über die Drohung. Vielen von uns, deren Männer und Kinder in Polen sind, kann es doch völlig egal sein, ob sie weitergeschickt werden? Sie glauben sogar, dass sie einander dort vielleicht wiedersehen werden. Wovor sollten sie also Angst haben? Begreifen unsere Beschützer das denn nicht? Im Lager sprechen die Leute über nichts als Politik, als wäre es das Normalste auf der Welt. Dann vergessen sie, dass sie in einem Konzentrationslager sind, und reden einfach frei von der Leber weg. Und meistens geschieht das in streitsüchtigem Ton. Sie sind nicht sehr tolerant und sehr gereizt.

Am Sonntag wurden wir bestraft, und unsere Männer durften nicht zu Besuch kommen. Was wir falsch gemacht haben, um Strafe zu verdienen, wissen wir selbst nicht. Vielleicht sieht es politisch nicht gut aus, und sie wollten uns wieder piesacken. Nun gut, wenn das so ist, will ich es akzeptieren. Heute Nachmittag durften wir plötzlich die Baracke nicht verlassen. Ursache unbekannt. Das ist in den letzten Tagen mehrfach vorgekommen. Gestern hatten wir trockenes Kommissbrot. Sicher wegen der politischen Entwicklung. Bald gibt es wohl gar nichts mehr, denn die Brotportionen werden immer kleiner. Wenn wir keine Pakete bekommen würden, müssten wir sicher langsam verhungern. Heute Mittag Kohlsuppe mit Schlamm und Sand. Aber trotzdem schlucken wir alles, denn Sand reinigt den Magen, und man stirbt nicht daran. Außerdem habe ich heute Mittag meinen besten Freund aus dem *Häftlings*lager gesprochen. Er arbeitet an der neuen Baracke in der Nähe von meiner. Es war ganz schön gefährlich; nach einiger Zeit näherte sich ein «Hoher», und deswegen habe ich gemacht, dass ich wegkam. Mein Mann, der auch dabeistand, suchte wieder seine eigene Baracke auf. Jede Woche bringt wieder neue Transporte, und diese Woche erwarten wir einen großen aus Amsterdam. Ich hoffe, die Leute bringen gute Neuigkeiten mit. Vorige Woche habe ich jeden Mittag auf meinem Bett gesessen und geschrieben. Ich schlafe jetzt über zwei anderen. Ganz angenehm und sehr hell. Meine Schlafgenossin war krank, und ich habe ihr Gesellschaft geleistet. Die Vught-Krankheit, die jeder hier bekommt. Ich hoffe inständig, dass alles, was ich hier aufgeschrieben habe, einmal die Außenwelt erreicht. Nicht um Propaganda zu betreiben, sondern nur, damit diejenigen, die von diesen Zuständen nichts wissen (und davon gibt es noch genug), davon erfahren. Wenn es einmal so weit kommt, dann kehren wir zumindest wieder in die Gesellschaft zurück. Für heute höre ich auf, denn gleich müssen wir zum Appell antreten. Diese Aufzeichnungen muss ich gut aufbewahren; ich darf gar nicht daran denken, was passiert, falls sie dieses Büchlein finden.

7. Mai '43

Im Männerlager hat es wieder erbauliche Vorfälle gegeben. In allen Baracken wurden große Sandkisten im Gang aufgestellt. Diese sind für den Brandfall oder etwas Derartiges gedacht. Wir wussten nicht, wofür diese Kisten sein sollten, und dachten, sie wären für Abfall. Aber schon bald sollten wir herausfinden, dass das nicht der Fall war. Die Männer hatten Streichhölzer hineingeworfen und mussten diese dann mit den Zähnen aus der Sandkiste holen. Wirklich wieder ein demonstrativer Akt des Sadismus. Die Männer müssen viele Schläge einstecken.

Die Stimmung im Lager ist wieder sehr *down*. Die jüngsten Meldungen sind zwar günstig, aber davon haben wir zu wenig. Gestern hat eine Frau versucht, sich das Leben zu nehmen. Sie hatte sich im Waschraum ein Tuch um den Hals gebunden, und es ist nur deshalb nicht so weit gekommen, weil jemand genau in diesem Augenblick den Waschraum betreten hat. Der Vorfall hat einiges an Aufruhr verursacht, aber nach kurzer Zeit gehörte die Sache schon wieder der Vergangenheit an. Übrigens kann man sich hier mit so etwas nicht sehr lange aufhalten. Ein paar Stunden später wurde jemand ohnmächtig, und es dauerte sehr lange, ehe die Frau wieder zu Bewusstsein kam. In mehreren Baracken herrscht Quarantäne. Scharlach und Masern sind etwas ganz Normales. Ein paar Stunden pro Tag müssen die Menschen aus diesen Baracken an die frische Luft, und dann dürfen die anderen nicht nach draußen. Die Quarantäne dauert normalerweise sechs Wochen. Geschultes Personal gibt es kaum. Nicht genug. In den Baracken, in denen keine Quarantäne herrscht, liegen täglich zwischen dreißig und vierzig Kranke. Alles eine Folge der Entlausung. Fieber und schrecklicher Durchfall. Wer schlimmer krank ist, geht abends in den Krankensaal. Dort sieht es sehr trübselig aus. Manchmal frage ich mich, wie die Menschen das ertragen können. Vor ein paar Tagen gab es abends eine Versammlung der Barackenleiterinnen. Der gesamte deutsche Stab war anwesend. Was dort für ein Unsinn geredet wurde, ist wirklich unglaublich. Unter anderem, dass wir alle uns sehr sauber zu halten hätten. Dann müssten wir auch nicht so oft entlaust werden. Sie sprechen von Hygiene, und dabei haben sie uns tagelang im Schmutz auf den Betten verkommen lassen, sodass Mädchen und Frauen, die noch nie im Leben Läuse hatten, nach der Entlausung mehr darunter litten als vorher. Auf dieser Versammlung wurde auf so schmutzige Weise über uns Juden gesprochen, dass die Barackenleiterinnen völlig niedergeschmettert waren. Ich musste darüber tatsächlich lachen, und die meisten waren erstaunt über meine Haltung. Sie wollten wissen, wie es kommt, dass ich allem gegenüber so gefühllos und gleichgültig bin, und ich sagte, dass ich mich über diese Dinge – und über so viele andere – erhaben fühle. Diese Tiere (denn als Menschen kann ich sie nicht bezeichnen) können mich nicht beleidigen. Darüber kann ich nur lachen, und ich fühle mich dadurch nicht gekränkt. Sie konnten nicht begreifen, dass das meine Einstellung war. Einige unter uns denken genauso darüber wie ich, aber es gibt hier auch erbärmliche Menschen, denen man nur schwer etwas beibringen kann.

Es wird nun wirklich höchste Zeit, dass einmal etwas Gutes passiert. Können wir denn nie aus dieser elenden Lage entkommen? Wie lange können wir das noch ertragen? Im Augenblick ist die Stimmung ganz besonders schlecht. Eine neue Schicht unserer Männer wird nach Moerdijk geschickt. Fünfhundert. Wann werden wir sie wiedersehen? Die andere Gruppe, die bereits sechs Wochen weg ist und der versprochen worden war, sie werde nur vier Wochen lang weg sein, ist auch noch nicht wieder zurück. Nach und nach werden sie alle verschwinden, fürchte ich. Hin und wieder kommt einer, der krank geworden ist, wieder zurück, und berichtet, dass es den anderen gut geht. Es heißt, sie bekommen anständig zu essen. Die eigene Kleidung wird ihnen weggenommen, und sie tragen gestreifte Anzüge, wie die *Häftlinge*. In diesen Anzügen sind einige von ihnen hierher zurückgekehrt. Wie Verbrecher.

Wegen des Streiks werden ganze Massen von Ariern hergebracht. Heute Morgen um halb sieben habe ich den Appell der *Häftlinge* gesehen. Tausende und Abertausende von Gefangenen. Und dann der Schritt dieser Menschen. Ich habe so etwas schon mal im Film gesehen, und in Gedanken nenne ich es «Zwanzigtausend Jahre Sing Sing».[*] Nachdenken darf man hier nicht, nur von einem Tag zum nächsten leben, denn wenn man hier richtig über alles nachdenken und einem alles wirklich klar werden würde, würden viele schon allein davon krank.

Und es wird langsam Sommer. Wir hatten schon schöne sommerliche Tage. Dann saßen wir in einer Gruppe am Weg zwischen den Baracken und unterhielten uns über unser Schicksal und darüber, was uns noch erwartet. Wir sagen wohl manchmal im Scherz, dass wir gerade eine Sommerreise machen. Mit Vorstellungskraft kann man sehr viel ausrichten. Abends, wenn es mir zu viel wird und ich spüre, wie ein Gefühl des Heimwehs in mir hochkommt, krieche ich mit dem Kopf unter die Decken, damit die anderen nichts davon merken. Draußen steht alles in voller Blüte. Schön grün ist alles. Das schaue ich mir immer ganz andächtig an. Oft betrachte ich abends die untergehende Sonne, und dann habe ich nicht selten einen Kloß im Hals. Lichtstrahlen fallen auf die Betten, und einige werden von dem grellen Sonnenlicht beschienen. Dann bin ich ganz gebannt von diesem Bild und spüre, dass es doch noch etwas Gutes gibt. So schön ist die Natur. So schlecht sind die Menschen, die uns hierher in diese schöne Natur gebracht haben.

Letzte Woche mussten wir an einem Nachmittag im strömenden Regen Matratzen aus der einen Baracke in die andere schleppen. Der Weg war nicht sehr breit, und einige junge Bäume wurden umgeknickt. Zu mir selbst sagte ich, dass es ihnen genauso erging wie den

---

[*]   US-amerikanischer Spielfilm über das Hochsicherheitsgefängnis Sing-Sing
      aus dem Jahr 1932.

Menschen. Die Starken können es ertragen. Die Schwachen nicht, und ich zwang mich selbst mit Gewalt dazu, an etwas anderes zu denken und so zu tun, als sähe ich die umgeknickten Bäume überhaupt nicht. Aber es ist nicht leicht, seine Gedanken in eine andere Richtung zu lenken, wenn sie sich gerade besonders intensiv mit etwas beschäftigen. Wie viele haben wohl dasselbe gefühlt wie ich? Unter Gelächter und Schwatzen schleppten wir die Matratzen weiter, und endlich kehrten wir durchnässt in die Baracke zurück.

8. Mai

Gestern wurde plötzlich bekannt gegeben, dass eine neue Schicht nach Moerdijk geschickt werden soll. Wieder entstand eine regelrechte Panikstimmung. Eine Stunde später wurde die Ankündigung zurückgenommen. Nun begreife ich auch, warum. Wahrscheinlich nur ein Aufschub für ein paar Tage, und zwar aus folgendem Grund: Heute Morgen um vier Uhr wurden wir plötzlich geweckt, und es hieß, wir müssten alle aufstehen. Wir verstanden erst nicht, warum das nötig war, aber schon bald wurde es uns klar. Ein Transport nach Westerbork sollte abfahren. Alle Menschen über fünfundfünfzig, chronisch Kranke, Straffälle, kinderreiche Familien mit mehr als drei Kindern kamen dafür infrage. Es wurde ein schrecklicher Tag. Und das Gemeinste daran war, dass alle Menschen, die sich freiwillig gemeldet hatten, auch mitmussten. Zuvor war ihnen versprochen worden, dass diejenigen, die sich freiwillig meldeten, in Vught bleiben dürften. Darunter waren wohlgemerkt Leute, die aus Groningen und aus der ganzen Umgebung von Westerbork kamen. Wie hatte man diese Menschen in die Irre geführt. Jetzt mussten sie doch alle mit.
Die Zustände in der Baracke für die alten Leute kann man einfach

nicht mitansehen. Völlig verwirrte alte Menschen. Menschen, die jeden Tag um Jahre gealtert sind. Sie waren erst sehr kurz in Vught. Vielleicht drei oder vier Wochen. Und es gibt einige unter ihnen, die bereits Angehörige zurücklassen mussten. Sterbefälle sind etwas völlig Normales. Wieder ganze Familien auseinandergerissen. Nimmt das denn nie ein Ende? Am Freitagmorgen ist wieder ein Transport aus Amsterdam angekommen. Angst und Verzweiflung waren deutlich auf den Gesichtern der Menschen zu lesen. Noch dazu mussten sie sofort zur Entlausung. Kann man sich etwas Schlimmeres vorstellen? Ich habe heute Morgen mit einer Pflegerin aus der Kinderbaracke gesprochen. Sie berichtete mir von der Entlausung im Kinderlager. Zusammen mit den Kindern sollte den Pflegerinnen dieser Kinder dieselbe Behandlung zuteilwerden. Kinder im Alter zwischen sechs und zwölf Jahren sahen die Leiterinnen nackt. Abends im Bett erzählten sich die Kinder die schmutzigsten Geschichten. Das beweist doch wohl, dass sich die Gesellschaft vorwärtsentwickelt? Die Pflegerin, die mir das erzählte, liegt mit einer schweren Lungenentzündung im Krankensaal. Eine Folge dieses nackt Herumlaufens. Man hat eine Menge Mädchen und Frauen ins Lager gebracht, die Sabotage begangen oder sich nach acht Uhr auf der Straße aufgehalten haben. Unter ihnen gibt es welche, die entsetzlich unter Läusen leiden. Es gibt keinen Juden, der so schmutzig wäre wie einige von ihnen. In den Krankensälen liegen einige mit Geschlechtskrankheiten. Das scheint etwas ganz Normales zu sein. Juden müssen diese Frauen pflegen, und ich muss ehrlich sagen, dass sie es voller Liebe tun.

Heute ist ein schrecklicher Tag. Strömender Regen und Kälte. Heute Mittag um zwei geht ein Transport mit eintausendzweihundertfünfzig Menschen nach Westerbork. Dass draußen schreiende Frauen herumlaufen, ist etwas ganz Normales. Ich sah heute Morgen um fünf, wie ein Mädchen hinfiel. Sie wollte zu ihrer Mutter rennen* und stürzte dabei. Später am Morgen begegnete ich ihr, und sie schluchzte heftig. Sie hatte von ihrer Mutter Abschied genommen. Den ganzen Tag hindurch weinende Frauen und Kinder. Das wird etwas werden, wenn gleich der Transport abfährt. Als ich das Theater in Amsterdam verließ, glaubte ich, wir würden zur Ruhe kommen, aber nun weiß ich, dass wir Juden nie zur Ruhe kommen werden, solange unsere «Beschützer» hier das Sagen haben. Immer weiter verfolgt und wieder aufgeschreckt werden, wie die Tiere. Keinen Moment der Ruhe mehr. Jeden Augenblick etwas anderes, und nichts als Elend.

9. Mai

Gestern war wieder ein Tag, der für das Judentum ein Stück Geschichte bedeutet. Der Transport nach Westerbork begann um halb drei und dauerte bis spät in die Nacht. Mittags war ich in der Baracke für alte Leute – was sich dort abspielte, ist abscheulich. Steinalte Frauen sah ich, die auf dem Boden saßen und murmelnd Selbstgespräche führten. Ich bot jemandem an, seine Decken zu tragen, aber ich glaube, dass diese alten Menschen in allem und jedem einen Feind sehen. Jedenfalls durfte ich die Decken nicht tragen, denn die alte Frau hatte Angst, dass ich sie nicht zurückgeben würde. In einer anderen Baracke erlitt eine Frau einen Anfall geistiger Umnachtung. Entsetzliche Szenen spielten sich ab. Der Abschied von Eltern und Kindern. Das Leid dieser Menschen mitansehen zu müssen, war mehr, als ich ertragen konnte, und ich ging schnell in meine eigene Baracke zurück, weil ich hoffte, es wäre dort ruhiger. Aber wie hatte ich nur so

---

* Durchgestrichen im Original: «um Abschied zu nehmen».

naiv sein können, das zu denken. Unter uns befand sich eine besonders bedauernswerte Frau. Sie hatte, glaube ich, zehn oder zwölf
Kinder. Auch sie musste mit auf Transport, aber die Kinder, die älter
als fünfzehn waren, durfte sie nicht mitnehmen. Die musste sie
zurücklassen, und sogar, als diese Mädchen sich freiwillig melden
wollten, wurde dies damit abgetan, es dürften keine Freiwilligen mit.
Es gab eine dramatische Szene in der Baracke, aber solche Dinge
ereigneten sich überall. Es wurde ein Tag voller Aufregung, aber er war
noch nicht vorbei. Es sollte noch mehr geschehen. Ein Gerücht
machte die Runde: achtundsiebzig von den tausendzweihundertfünf-
zig Abreisenden versuchten sich zu verstecken, hieß es. Ich selbst war
davon überzeugt, dass es sich dabei um eine dreiste Lüge handelte –
welcher Jude hätte den Mut, sich zu verstecken, wenn doch wahrscheinlich sein Leid unerträglich würde, wenn er gefunden würde?
Wer würde es wagen, sich dem Terror der Barbaren zu entziehen,
denen wir ausgeliefert waren? Lang und breit wurde darüber gesprochen, denn die Gesuchten mussten unbedingt gefunden werden.
Es war ungefähr acht Uhr, und die meisten von uns lagen schon im
Bett. Wir waren alle ziemlich verängstigt, und es schien uns das Beste,
etwas früher als sonst ins Bett zu gehen. Die Barackenleiterin kam
herein und sagte, es würden aus allen Baracken noch ein paar Personen geholt werden, denn der Transport müsse unbedingt vollzählig
sein. Ein heftiger Schreck durchfuhr uns. Man stelle sich vor, sie
würden das wirklich tun! Wir wussten, dass es gut möglich war, denn
in Westerbork war es bereits wiederholt vorgekommen, dass ein
Transport nach Polen abfahren sollte und eine Großrazzia abgehalten
wurde, wenn der Transport nach Ansicht der «Herren» nicht umfang-
reich genug war. Dann holte man die Menschen aus den Betten und
schickte sie mit auf Transport, als ginge es um nichts weiter als um ein
paar Minuten Verzögerung.

Da wir nun wussten, dass Vught kein *Auffanglager*, sondern ein *Durchgangslager* geworden war, war uns klar, dass uns dasselbe Schicksal bevorstand. Alles war einfach nur trübselig. Den ganzen Tag ein unangenehmer kalter Wind. Heftige Hagelschauer, und alles prasselte auf das Gepäck herunter, das vor den Baracken stand. Wieder so ganz und gar das Musterbeispiel der Emigration. Deutlicher ging es wirklich nicht. Ich lag noch da und dachte darüber nach, als plötzlich der Befehl erklang: Alles antreten zum Appell. Wir wollten das erst nicht glauben. War es wirklich möglich, dass wir alle aus dem Bett kommen mussten, um anzutreten und ausgesucht zu werden? Wir verhielten uns ziemlich ruhig und zogen uns schnell so warm an, wie es nur ging. Einige glaubten, wir würden bald wieder zurückdürfen, und zogen sich die Mäntel über die Schlafanzüge. Mit bloßen Füßen in die Schuhe. Und dann traten wir zum Appell an, im schneidend kalten Wind. Große Schlammpfützen, sodass wir nur schwer in Fünferreihen stehen konnten. Menschen, die die ganze Woche mit hohem Fieber im Bett gelegen hatten, mussten antreten. Die Stimmung unter den Leuten war bedrohlich. Wieder hörte ich, wie die Barbaren, die uns dies antaten, mit allerlei Segnungen bedacht wurden, und in Gedanken fügte ich meine eigenen hinzu. Wir waren so schrecklich verbittert. Drei-, viermal preschten die «Herren» auf Motorrädern auf die Menge zu, und wir stoben alle auseinander, nach vorne oder zurück, durch die großen Schlammpfützen. Welchen Spaß sie daran hatten, dass sie uns Juden das antun konnten! Wie mutig sie sich fühlten, diese Helden, denn man brauchte wahrhaftig Mut dazu, wehrlose Frauen zu quälen. Einige unter uns, die wahrscheinlich noch nicht einmal wahrnahmen, wie tief wir im Elend steckten, lachten sogar darüber. Darüber konnte ich aber nicht lachen. Während der Entlausung war mir das sehr wohl möglich gewesen, aber das hier machte mich so verbittert, weil ich mich so ohnmächtig fühlte, dass ich denjenigen, die darüber lachten, gerne eins hinter die Ohren gegeben hätte. Da standen wir, lila und starr vor Kälte, und es wurde schon ganz dunkel. Beinahe zwei Stunden mussten wir so stehen. Von halb neun bis halb elf. Dann durften wir wegtreten. Man hatte niemanden aus den Reihen geholt. Ob die achtundsiebzig gefunden worden sind, weiß ich auch nicht; ich weiß nur, dass wir in einem schlimmen Zustand waren. Einige waren ohnmächtig geworden. Daraus werden sicher wieder Grippefälle entstehen, das geht gar nicht anders. Und dafür waren wir um vier Uhr morgens aufgestanden.

Inzwischen nahm der Transport seinen Lauf. Kranke Kinder und kranke alte Leute warteten am Tor auf das Schicksal, das ihnen bevorstand. Wieder habe ich einige meiner Bekannten verloren. Im Männerlager gab es Kranke, die am Wegrand antreten mussten. Diese Heldentaten lösten eine Stimmung aus, die keine Grenzen mehr kannte. Sogar Kinder mussten antreten. Und das alles nur, um die Leute zu quälen, denn eine andere Erklärung habe ich dafür nicht finden können.

Um halb elf durften wir wegtreten, und starr vor Kälte und mit dem Gefühl, erniedrigt und beleidigt worden zu sein, suchten wir unsere Betten auf.

Der zehnte Mai. Was bedeutet dieses Datum nicht alles für uns?*
Was sagt es uns? Bis zu diesem Tag im Jahr '40 wussten wir nicht,
was uns alles bevorstand. Ruhe hatten wir. Ruhe und Frieden, bis wir
plötzlich aus dieser Ruhe gerissen wurden und seitdem weder Ruhe
noch Frieden gekannt haben. Mord und Raub sind vorgefallen.
Die Arier haben in dieser Zeit des Elends sicher auch Opfer bringen
müssen, aber wie das Judentum dem Terror unterworfen wurde, nein,
das hatten wir nicht vorhersehen können. Dass wir Juden solcher
Schamlosigkeit ausgesetzt werden würden und von jedem, dem der
Sinn danach stand, bespuckt und besudelt werden konnten, nein, das
hätten doch die wenigsten vermutet. Wenn ich manchmal meinen
Blick über meine Lagergenossinnen schweifen lasse und daran denke,
dass sich unter ihnen viele Intellektuelle befinden, drängt sich mir
immer wieder die Frage auf, wie das, was wir durchmachen, überhaupt möglich sein kann. Oft frage ich mich, was wohl in diesen
Menschen vor sich geht. Natürlich fühlen sie sich über solche Hand-
lungen, wie ich sie hier beschreibe, erhaben, aber das ändert nichts
daran, dass auch sie sie durchstehen müssen. Diese Menschen,
die in der Regel ziemlich ruhig sind, lassen alles über sich ergehen
und sagen nicht, was sie empfinden, aber umso mehr geht in ihnen
vor. Menschen, die einmal eine gesellschaftlich wichtige Position
innehatten, müssen sich jede Erniedrigung gefallen lassen. Es gibt
Tage, an denen sich kein einziger Lichtschein zeigt, aber auch dann
darf man nicht aufgeben. Die Nerven dieser Menschen sind bis zum
Äußersten angespannt, und dadurch können sie auch sehr wenig
voneinander ertragen. Man müsste doch eigentlich völlig verrückt

---

* Am 10. Mai 1940 erfolgte der deutsche Überfall auf die Niederlande.

werden, wenn Eltern mit kleinen Kindern hierherkommen und dann zusehen müssen, wie sie ihnen wegsterben? Dann werden diese Menschen doch sicher von einer hilflosen Wut ergriffen. Medizinische Hilfe gibt es praktisch immer noch nicht. Vor einigen Wochen sind einige Ärzte und Zahnärzte hier angekommen. Sie alle hatten ihre Instrumente mitgebracht, in der Hoffnung, sich im Lager niederlassen und auf diese Weise doch noch ihren Mitmenschen helfen zu können. Aber nein, man hat ihnen alles abgenommen. Mittel zur Stärkung gibt es hier überhaupt nicht. Es herrscht großer Hunger, denn das, was wir bekommen, reicht für unsere hungrigen Mägen lange nicht aus. Dank der Pakete, die wir von zu Hause bekommen, können wir es aushalten, aber es gibt genug, die keine Päckchen bekommen und immer Hunger haben. Ständig erkranken Leute an heftigem Durchfall und hohem Fieber. Immer wieder werden täglich einige in den Krankensaal gebracht. Die Menschen hier fiebern erschreckend hoch. Vierzig Grad sind gar nichts Ungewöhnliches. Mittel gegen den Durchfall gibt es nicht. Wie viele werden dieses Elend wohl über-leben? Wenn es noch lange dauert, bestimmt nicht sehr viele. Ein schlimmes Ereignis folgt auf das andere, eines auf das andere. Gestern Abend, als wir zum Appell draußen standen, hatten zwei «Hohe» wieder den netten Einfall, ein paarmal mit dem Motorrad auf uns zuzufahren. Sehr schön war das. So eine Heldentat gehört doch wirklich belohnt. Denn dafür braucht man doch wirklich Mut. Und dann das Grinsen in den Gesichtern dieser Kerle. Dann haben sie einen Riesenspaß. Am Sonntagabend mussten wir plötzlich wieder zum großen Appell antreten. Wenn sie nicht wissen, was sie mit uns anstellen sollen, zählen sie uns zur Abwechslung ein bisschen oder registrieren uns. In unserer Baracke gab es einige Kranke, die nicht zum Appell erscheinen konnten. Der *Hauptsturmführer* ging persön-lich in den Schlafsaal, um sich davon zu überzeugen. Er fragte sehr

höflich, wie viele «*Schweinhunde*» noch krank wären. In unserer
Baracke war ein Mädchen von etwa zehn Jahren. Dieses Kind gehörte
eigentlich in die Mädchenbaracke, aber weil es gerade erst aus dem
Krankensaal gekommen war und in der Baracke Quarantäne
herrschte, hatte die Mutter die Erlaubnis bekommen, es bei sich in der
Baracke zu behalten. Der Kerl, der das Kind entdeckt hatte, schrie die
Barackenleiterin an, es dürften keine Kinder in der Damenbaracke
sein. Mit dem Kerl war nicht zu reden, und er schrie, die Barackenleiterin werde abgesetzt. Das fanden wir wirklich sehr schlimm. So ohne
jeden Grund seine Stellung zu verlieren, und dann noch der Ton, in
dem das gesagt wurde. Wirklich ganz und gar edelgermanisch. Am
nächsten Tag erhielt die Leiterin ihre Position in allen Ehren zurück.

11. Mai

Heute Morgen haben wir im strömenden Regen Appell gestanden.
Herrlich war das wieder. Und nicht einmal besonders kurz. Wie
ersoffene Katzen liefen wir zurück in die Baracke. Viele von uns haben
sich wieder schön erkältet. Mein Mann erzählte gestern Abend, dass
sie von sechs Uhr bis halb acht Appell gestanden haben. Wenn die
politische Situation sich nicht gut entwickelt, lassen sie uns ein
bisschen länger als sonst Appell stehen. Am Sonntagabend habe ich
wieder so eine schmutzige Aktion miterlebt. Wir hatten von fünf bis
sechs Uhr Männerbesuch. Wenn die Männer dann wieder wegmüssen,
gehen die Frauen normalerweise mit bis zum Zaun. Dort entstand so
ein Gedränge aus Männern und Frauen, dass plötzlich der *Unterscharführer* erschien und ein paar kräftige Schläge in alle Richtungen
verteilte. Erschrocken stoben wir alle auseinander. Aber da hatten wir
es mal wieder erlebt.

Gestern nicht geschrieben, weil ich wegen des Appells einen dicken Hals und eine Halsentzündung hatte. (Ein paar Tage im Bett bleiben und von meinen Bekannten ein wenig verwöhnt werden.) Außerdem hatte ich wieder heftige Speiseröhrenkrämpfe. Das fand ich übrigens nicht so schlimm. Heute Mittag setze ich mich schön in die Sonne, denn ich habe keine Geduld mehr, noch länger im Bett zu bleiben. Im Männerlager spielten sich gestern Abend bestialische Szenen ab. Beim Appell gingen die Zahlen nicht auf, und darum mussten die Männer die gemeinsten Übungen machen. Der *Hauptsturmführer* hatte Geburtstag, und sie hatten sich ordentlich betrunken. Unsere armen Männer mussten dafür büßen. Auf dem Bauch mussten sie liegen, und die Sadisten ließen alles an ihnen aus. Im Männerlager geht es strenger zu als bei den Frauen. Es werden ständig Schläge ausgeteilt. Vor ein paar Abenden, als ich versuchte, kurz mit meinem Mann zu sprechen, stand ich am Zaun, der unser Lager von dem der Gefangenen trennt. Sie standen da und alberten ein wenig mit den Mädchen aus unserem Lager herum, als plötzlich der Kommandant (eine Rotznase) auf die Gefangenen losstürmte, ihnen die Käppis* vom Kopf zog und ihnen damit ins Gesicht schlug. Kerzengerade mussten die Männer stehenbleiben und die Schläge entgegennehmen. Verblüfft sah ich zu, denn es war so plötzlich geschehen. Ich hatte den Kommandanten nicht kommen sehen. Bei den Leuten geht alles in einem so schnellen Tempo, und sie stehen vor dir, ehe du dichs versiehst. So war es da auch. Mich durchfuhr ein Gefühl des Ekels, als ich das miterlebte, und weil ich es nicht länger mit ansehen konnte, wandte

---

* Das Käppi gehörte zu den ausrangierten Uniformen der niederländischen Armee. Am Anfang trugen einige der Gefangenen in Vught eine solche Kopfbedeckung.

ich mich ab. Es war wirklich zu schlimm. Und dann der Gedanke, dass man alles einfach so über sich ergehen lassen muss. Durfte das denn einfach so geschehen? Unter den Gefangenen befanden sich viele Intellektuelle, zum Beispiel Doktoren, Studenten und noch mehr solche Leute. Was ging wohl in diesen Menschen vor, als sie so verprügelt wurden? Oh, was war es doch für ein Verbrechen, als Jude zur Welt gekommen zu sein. Haben wir damit tatsächlich eine solche Sünde begangen? Wo bleibt unsere Rettung? Wie lange müssen wir noch in diesem Drecksloch bleiben? Bis wir alle in diesem Elend umgekommen sind? Ist es dann erst genug? Warum müssen so viele Menschen unnötig leiden? Das will doch niemand? Gestern war ich sehr traurig und hätte gern alles laut herausgeschrien, aber zum Glück hatte ich genug Selbstbeherrschung, es nicht zu tun. Ich dachte lange darüber nach, wie unsere Freunde auf der anderen Seite des Stacheldrahts verprügelt worden waren. Ich dachte noch immer daran, als es schon dämmerte und es im Lager ruhiger wurde. Plötzlich hörte ich, wie eine sehr reine Stimme das Ave Maria sang. In der Baracke wurde es ganz still, und alle hörten andächtig zu. Es war keine kräftige Stimme, aber sie war rein und hell. Ich empfand den Gesang als eine Wohltat, und er wirkte beruhigend auf mich. Als ich so auf dem Rücken auf meinem Kissen lag, vergaß ich für kurze Zeit, wo ich war, und fühlte eine gewisse Rührung. Tränen rannen auf mein Gesicht, ohne dass ich es bemerkte. Es hatte mir so gut getan. Und das, während um uns herum so viel Leid geschah. Hinter mir schliefen zwei Schwestern, deren Eltern ein paar Tage zuvor nach Polen weitergeschickt worden waren. Eine der beiden Schwestern war mit einem Kind hier angekommen, und vor ein paar Tagen war es gestorben. Die Schwestern hatten entsetzlich geweint; niemand hatte sie trösten können. Aber sie schienen über so viel Energie zu verfügen, dass sie sich mit Gewalt über ihr Elend erhoben. Zusammen sangen sie einige

Lieder, und zwar so lieb und so gefühlvoll, dass ich zu mir selbst sagte, wir gehörten ganz offensichtlich wirklich zu einer zähen Rasse.

Diese Kinder hatten gerade erst so viel Leid erfahren und versuchten trotzdem, uns ein wenig Ablenkung zu verschaffen. Was machten sie wohl selbst durch? Die eine Stimme zitterte vor lauter Emotionen, aber sie hielt tapfer durch. Es gelang ihr, ihre Gefühle auf die anderen zu übertragen. Das begriffen die meisten von uns auch gut. Mit einem Gefühl der Zufriedenheit und in der Überzeugung, dass es auf der Welt trotz allem noch immer etwas Gutes gab, schlief ich endlich ein.

Sa. 15. Mai

Tag der Kapitulation. Tag der bitteren Trauer. Gestern konnte ich nicht schreiben, weil wieder zu viel Schreckliches passiert ist. Jeden Tag geschehen hier entsetzliche Dinge. Nie mal etwas Gutes. Vor ein paar Tagen fehlten beim Appell im *Häftlings*lager zwei Männer. Das ganze Lager wurde durchsucht, und endlich fand man sie im Judenlager. Sie waren so übermüdet gewesen, dass sie im Magazin eingeschlafen waren und auf diese Weise alles verschlafen hatten. Diese Männer haben eine so erbarmungslose Tracht Prügel bekommen, dass diejenigen, die es gesehen haben, sich noch lange daran erinnern werden. Mit der Faust hat man ihnen ins Gesicht geschlagen. Wenn jemals ein Tag der Vergeltung kommt, wie soll er dann aussehen? Jeden Tag werden wir wieder gequält, und es gibt neue Bestimmungen.

Um vier Uhr mussten wir aufstehen und um Viertel nach fünf Appell stehen. Die Männer standen gestern Abend von sechs bis halb elf Appell. Könnte man da nicht den Verstand verlieren? Und am Morgen mussten sie wieder früh antreten. Jeden Tag müssen sie mindestens eineinhalb bis zwei Stunden so dastehen. Und wenn sie nicht gerade genug stehen, setzt es kräftige Schläge! Man hat einen neuen Transport für Moerdijk zusammengestellt. Am Montag soll er abfahren. Im Lager gehen seltsame Dinge vor sich. Manchmal müssen wir ganz unerwartet mitten am Tag antreten. Dabei kann es gut vorkommen, dass wir vergessen werden, und dann treten wir einfach selbst weg.

Heute Morgen mussten alle Barackenleiterinnen auf die Kommandantur. Sie alle wurden ermahnt, die Baracken müssten sauberer gehalten werden. Man spricht von Hygiene. Mit unseren großen Handtüchern wissen wir uns keinen Rat. Unser Bett dient uns als Bettzeugschrank, Vorratsschrank, Kleiderschrank und für viele andere Dinge sonst noch. Wenn wir etwas brauchen, müssen wir es aus dem Bett holen. Sogar die Schuhe bewahren wir im Bett auf. Vor ein paar Tagen kam plötzlich ein Befehl, und wir mussten fast alle unsere Kleider abgeben. Alle Wintermäntel. Ob wir die jemals wiedersehen, wissen wir nicht. Jede von uns darf drei Garnituren Unterwäsche besitzen. Es dauert wohlgemerkt drei Wochen, bevor wir die saubere Wäsche zurückbekommen. Wir kümmern uns nicht darum und haben so viel wie möglich behalten. Wenn sie uns erwischen, sind wir alle dran. Aber wir haben keine Angst mehr. Sie können uns nur noch froh machen. Was haben wir denn noch zu erwarten? Im Moment sind die Maßnahmen entsetzlich streng. Wenn ein Mann mit seiner Frau spricht und dabei erwischt wird, muss er zur Strafe nach Moerdijk. Da wird eine militärische Anlage errichtet.

Wir haben wieder einige Tage voller Aufregung erlebt. Heute sind wieder fünfhundert Männer nach Moerdijk geschickt worden, aber diese Menschen haben in den letzten Tagen in einer solchen Hölle gelebt, dass sie wirklich froh darüber waren, aus Vught weg- und dort hinzukommen, wo sie vielleicht entsetzlich hart arbeiten müssen. Innerhalb von ein paar Tagen geschieht hier sehr viel. Am Sonntagnachmittag durften die Männer die Frauen besuchen. Wir begriffen sehr gut, dass das zugleich den Abschied für den Transport bedeutete, der heute abfahren sollte. Stundenlang mussten die Männer Appell stehen, damit eine Auswahl getroffen werden konnte. Dieses Auswählen wurde von den üblichen Schlägen begleitet. Wenn die Männer Appell stehen, geht eine Angstpsychose durch das Frauenlager. Alle wissen, dass dann kräftige Schläge ausgeteilt werden. Die Angst ist also begründet. Gestern Morgen mussten die Männer, die für Moerdijk ausgewählt worden waren, von sieben bis halb zwölf Steine schleppen. Diese Männer wurden gefoltert. Sie mussten mit einer schweren Ladung Steine schnell laufen, und wenn es nicht schnell genug ging, bekamen sie fünfundzwanzig Stockschläge. In den Gesichtern dieser Sadisten ist die pure Lust zu lesen. Sie leuchten nur so vor Wildheit, und dabei schreien sie immerzu, dass die Juden schneller laufen müssen, dass sie faul sind, und dass sie es ihnen schon beibringen werden. Unseren Männern brach der Angstschweiß aus. Alle hatten entsetzliche Angst. In der Gesellschaft eine wichtige Position bekleidet, und hier in einem Konzentrationslager getreten und geschlagen und auf jede nur mögliche Weise gedemütigt. Als sich die Männer kurz ausruhen durften, bat einer von ihnen darum, sich kurz entfernen zu dürfen. Das wurde ihm gestattet, und als er aus der Reihe getreten war, erklang ein lauter Schuss. Ein Mitglied der holländischen SS hatte ihn einfach so niedergeknallt. Einige Stunden später ist er seiner Verletzung erlegen. Was diese Männer in dieser Zeit erlitten haben, ist unvorstellbar. Sie zitterten und bebten vor Angst. Als sie mittags zu Besuch kamen, zitterten sie immer noch vor Aufgewühltheit. Die Frau des unglücklichen Mannes fiel in Ohnmacht. In den letzten Tagen ist es wieder hoffnungslos im Lager. Eine Aufregung folgt der anderen. Um drei Uhr mussten sich Männer und Frauen voneinander verabschieden. Ich war ins Männerlager gegangen, wo ich meinem Mann beim Packen half, weil auch er nach Moerdijk geschickt wurde. Überall begegnete ich Männern und Frauen. Die Frauen schluchzten leise. Die Männer waren sehr ergriffen. Alle dachten an den bevorstehenden Abschied. Für wie lange? Das wusste doch niemand. Die Schicht, die man vor dieser nach Moerdijk geschickt hatte, war schon sieben Wochen weg. Diesen Leuten hatte man versprochen, sie wären nach vier Wochen zurück. Der *Oberscharführer* hatte sein «Ehrenwort» gegeben. Man stelle sich das vor. Das Ehrenwort dieser Leute. Es war drei; es wurde Zeit, Abschied zu nehmen. Durch einen Tränenschleier konnte ich meinen Mann gerade noch erkennen. Plötzlich wandte ich mich um und rannte in meine Baracke, wo ich in heftiges Schluchzen ausbrach. Ich hatte mir vorgenommen, mich tapfer zu halten, aber das konnte ich nicht mehr. Ich hatte zu viel gehört. Es war mehr, als ich ertragen konnte. Die Nerven kamen hier an ihr Ende. Man musste wirklich sehr fatalistisch sein,

Dienstag 18. Mai

um sich über das alles erheben zu können. Erstaunen fühlte ich über gar nichts mehr. Ich ließ es kommen, wie es kam. Um halb vier mussten wir zum Appell antreten, denn die Ateliermädchen mussten die Baracken verlassen und wurden in einer Baracke ganz speziell für sie untergebracht. So standen wir gut anderthalb Stunden. Als wir wegtreten durften, waren wir ganz schwach auf den Beinen vor Müdigkeit. Als ich im Bett lag, weinte ich ein bisschen weiter. Immer stärker spürte ich die Demütigung, und dazu kam noch die Beleidigung, die man den Männern zufügte. Wenn jemand fünfundzwanzig Stockschläge bekam, musste ein Freund den Stock holen. Alle mussten dann aufmerksam zusehen, wie ihr Kamerad verprügelt wird. Sie mussten die Augen offen halten, denn wenn sie versuchten, nicht hinzusehen, bekamen sie selbst Prügel. Das alles ging mir durch den Kopf, und ich spürte, wie das Elend in seiner ganzen Gewalt über mir zusammenschlug. Bis jetzt hatte ich mich nicht so gehenlassen, aber ich konnte nicht mehr. Um halb acht Uhr abends ging ich noch kurz an den Zaun, weil ich hoffte, meinen Mann noch einen Augenblick zu sehen. Es hieß, sie sollten um vier Uhr nachmittags losfahren, aber das änderte sich ständig, und der Transport brach tatsächlich erst am Montagnachmittag auf, und nicht, wie es geheißen hatte, am Sonntag. Als ich am Zaun stand, sah ich wieder, wie die Männer antreten mussten. Ich sah es aus der Ferne, aber ich wusste schon wieder genug. Wieder sollten noch einige Männer ausgewählt werden. Ich ging am Zaun entlang zurück, wo ich zwischen zwei Baracken stehenblieb, und hoffte, noch kurz meinen Mann zu sehen, aber er kam nicht. Plötzlich sah ich drei Männer in gestreiften Anzügen näherkommen, die aussahen wie die der Häftlinge. Es waren unsere Männer. Sprachlos vor Erstaunen schaute ich hin. Unsere Männer in *Häftlings*anzügen. Ich wusste sehr gut, dass sie die in Moerdijk tragen müssen, aber dass sie bereits hier im Lager als Verbrecher betrachtet wurden, war wahrhaftig zu viel für einen einzigen Tag. Es drang mir wirklich nicht ganz ins Bewusstsein. Diesen drei Männern war es gelungen, kurz aus

dem Männerlager zu kommen und in unseres zu gehen. Sofort
wurden sie mit Fragen bestürmt, aber sie wussten selbst nichts.
Sie konnten nur berichten, dass sie ihre Kleidung abgeben mussten
und diese Anzüge dafür bekommen hatten. Es war ganz entzückend.
Am folgenden Morgen um sieben Uhr hörten wir, dass die Männer
sich doch noch kurz verabschieden könnten. Das stimmte aber gar
nicht. Unter ihnen befanden sich aber Männer, die am Freitag mit
dem letzten Transport angekommen waren. Sie mussten auch schon
am Montag mit den anderen mit. Aber weil ihre Kleider noch in einer
Baracke lagen, wo man sie entlaust hatte, erhielten sie die Erlaubnis,
diese zu holen. Der Zaun wurde gestürmt, denn alle versuchten in
diese Baracke zu kommen, weil sie hofften, ihre Frauen zu sehen. Es
flimmerte mir vor den Augen vor Streifen, und immerzu ging mir
durch den Kopf: Verbrecher sind es. Sträflingsanzüge und Mützen
trugen sie, aber ich zwang mich, meine Gedanken abzulenken, denn
ich war in einer Stimmung, wie ich sie noch nie erlebt hatte. Da sah
ich, wie mein Mann angerannt kam. Ich sah keine Streifen mehr.
Keine Häftlingsanzüge. Ich sah nur meinen Mann. Er war gekommen,
um noch einmal Abschied zu nehmen, und es war ihm gelungen, sich
durch die ODler* hindurchzuzwängen. Langsam fühlte ich, wie ich
meinen Mut wiederfand, und es gelang mir sogar noch, ihn anzula-
chen. Ich hatte die Anspannung hinter mir gelassen. Wir standen
noch sehr lange zusammen und sprachen miteinander, und ich ging
noch bis ganz an den Ausgang des Lagers mit. Dort verabschiedeten
wir uns wieder voneinander, und später an diesem Tag sprachen wir
noch einmal miteinander. Schließlich, am Nachmittag, fuhr der Transport ab, von einem Fanfarenkorps begleitet. Als würde etwas Erfreuli-
ches auf sie warten. Im letzten Moment waren bei einer Razzia noch

* OD=Ordnungsdienst, die Lagerpolizei.

einige Männer und Jungen ausgewählt worden, die auch mitmussten. Schnell die eigenen Kleider aus und Anzüge an. Es ging alles so schnell, dass sie nicht einmal die Gelegenheit hatten, sich noch von ihren Familien zu verabschieden. Erst als sie weg waren, hörte die Familie davon. Wieder Entsetzen. Das alles war auf so schmutzige Weise geschehen. Dafür hat man einfach keine Worte. Jetzt sind sie weg, unsere Männer. Wie, wo und wann werden wir sie wiedersehen? Alles ist einfach nur traurig und trostlos. Und in der Natur wird es so schön: Am Sonntagnachmittag bin ich mit meinem Mann hinter dem Männerlager spazierengegangen. Alles steht in voller Blüte. Es duftet herrlich, und es fühlt sich ganz wohltuend an. Schön und friedlich. Alles hätte so schön sein können, aber es war so widerwärtig.

Am Mittag durften wir am Wegrand liegen und die Sonne genießen. Die Zeitungsberichte sagen Gutes für uns voraus. Tunis aufgegeben. Italien steht kurz vor der Kapitulation, und wir warten einfach nur ab. Wir werden mehr und mehr gequält. Das Antreten zum Appell und das Aufstehen morgens um vier sind am schlimmsten. So eine lange Zeit sinnlos herumstehen aus bloßer Quälerei, denn etwas anderes ist es nicht, und wenn wir aufstehen, ist es noch dunkel. Bald geht wieder ein Transport nach Westerbork. Wir können uns also wieder auf etwas freuen.

20. Mai

Einige Tage lang habe ich nicht geschrieben, und zwar aus folgendem Grund. Nach den überstandenen Aufregungen wurde am Montagabend bekannt gegeben, der Leiter, oder besser gesagt der Leiter aller

Konzentrationslager, werde unser Lager besuchen.[*] Alles war in heller Aufregung. Das gesamte Lager musste von oben bis unten geputzt werden (als würde das nicht sowieso täglich passieren). Alle mussten unbedingt um vier Uhr aufstehen. Um acht mussten alle Baracken fertig geputzt sein, denn sie sollten inspiziert werden. Und wenn sie nicht tadellos in Ordnung waren, nun, dann würden wir schon sehen, wie es uns erginge. Und tatsächlich – es war natürlich nicht in Ordnung. Nach dem Appell durfte niemand, der nicht bei der Putzkolonne arbeitete, in die Baracke. Es war ungemütlich und kalt, und alle mussten draußen stehenbleiben. Es wurde gearbeitet, um alles so sauber wie möglich zu bekommen. Um acht Uhr musste alles fertig sein. Wir lachten über das verrückte Schauspiel, und es wirkte wie ein großer Jux, obwohl es wahrscheinlich sehr dramatisch war. Aber darüber wollte ich in diesem Augenblick nicht weiter nachdenken. Der Abschied von denen, die nach Moerdijk mussten, belastete mich noch zu sehr. Am Mittag um halb zwei mussten alle die Baracken verlassen und sich an die Böschung am Wegrand setzen. Es war entsetzlich heiß, und wir mussten draußen bleiben, denn jeden Augenblick konnte der hohe Besuch eintreffen. Ehrlich gesagt weiß ich nicht, ob er überhaupt gekommen ist, weil ich wegen der Hitze eingeschlafen bin. Wir mussten bis sechs draußen bleiben. Dann durften wir noch kurz Appell stehen, und endlich konnten wir, erschöpft wie wir waren, wieder in die Baracke. Lust zu schreiben hatte ich da nicht mehr. An sich war das alles nichts Besonderes. Am folgenden Tag eigentlich wieder genau dasselbe, aber da ließ ich mich nicht mehr in die Irre führen. Heimlich blieb ich hinten in der Baracke zurück und legte mich gemütlich auf mein Bett, um zu lesen. Am Mittwoch und Donnerstag wieder genau dasselbe. Mit jedem Tag

[*]   Gemeint ist ein Besuch Heinrich Himmlers.

wurde es schlimmer im Lager. Die Männer mussten stundenlang Appell stehen. Wieder war jemand aus dem *Häftlings*lager nicht aufzufinden. Dafür mussten unsere Männer bluten, und die anderen *Häftlinge* auch. Den ganzen Tag bekamen sie nichts zu essen. Dabei hatten sie solchen Hunger. Es war alles so barbarisch. Mit einer Schaufel wurden sie ins Gesicht geschlagen, und ich sah sie wie Krüppel hinter einer Schubkarre herlaufen. Tiefes Mitgefühl empfand ich mit ihnen. Sie wurden getreten und geschlagen, als sei es das Normalste auf der Welt. Und es gab unter ihnen einige, die schon jahrelang im Konzentrationslager waren, und immer noch waren sie voll guten Mutes. Immer noch gelang es ihnen, vielen von uns Mut zuzusprechen. Als ich am Sonntag nach dem Abschied von meinem Mann über das Feld zu meiner Baracke rannte, riefen sie mir zu, ich solle tapfer sein. Es werde nicht ewig dauern. Gestern haben wir wieder etwas Schönes mitgemacht. Um vier Uhr wurde bekannt gegeben, dass wir nach dem Nachmittagsappell um halb sechs nicht mehr in die Baracken durften. Das war wieder etwas ganz Neues. Wir mussten also vor dem Appell essen. Um halb sechs hieß es antreten. Wir begriffen nicht, was das sollte. Wir durften uns nichts überziehen und auch keine Taschen bei uns haben. Was erwartete uns wohl jetzt wieder? Was hing nun wieder über unseren Köpfen? Nur ein paar Kranke durften drinnen bleiben. Wir mutmaßten über den Grund und machten uns alle unsere eigenen Gedanken darüber. Wir wussten, dass dieser Tage ein Transport nach Westerbork gehen sollte, darum glaubten wir, dass die Ereignisse damit zusammenhingen. Jemand hatte gehört, dass man zweitausend Frauen aussuchen wollte, die irgendwo (wo, wusste niemand) auf dem Land arbeiten sollten. Plötzlich hieß es, die Straffälligen sollten aus den Reihen treten und sich getrennt von den anderen aufstellen. Das war der erste Schreck, denn für uns stand fest, dass etwas Schlimmes passieren würde. Aber

das war erst der Anfang. Dann hieß es, wir müssten auf den Exerzierplatz, wo die Männer ausgewählt wurden, die nach Moerdijk mussten.
Wieder stürmten alle möglichen Gefühle auf uns ein. Auf dem Platz
standen alle Außendienstler, die sich aber umdrehen mussten, als wir
ankamen. Sie durften uns nicht ansehen. In Fünferreihen traten wir
an. Ich hörte, wie jemand meinen Namen rief, und sah meinen
Hausfreund unter den Häftlingen, der mich ängstlich fragte, wohin
wir denn gingen. Ich rief zurück, dass ich es selbst nicht wusste.
Wir liefen immer weiter, und endlich waren wir bis an das große Tor
am Eingang zum Lager gekommen. Vor uns auf dem Weg draußen
sahen wir schon unsere Lagergenossinnen. Wir mussten durch das
Tor durch und sahen im Geiste schon vor uns, wie wir mit viertausend
Frauen auf Transport mussten. Dass wir das Lager verließen, war noch
nie vorgekommen. Als endlich alle das Tor passiert hatten, und zwar
zwischen Spalier stehender deutscher und holländischer SS hindurch,
mussten wir uns alle auf dem Platz hinter dem Tor aufstellen.
Ein sehr großer Platz. Die ganze Bande herrschte uns an und schrie
uns zusammen, und wir zitterten vor Angst. Was würde nur mit
uns geschehen? Warum folterten sie uns so? Vor allem geradestehen
mussten wir. Hinter dem Lager liegt ein prächtiger Wald mit Häusern,
die gerade gebaut werden. Der Tross setzte sich in Richtung des
Waldes in Bewegung. Überall Militär. Aus zwanzig Metern Entfer-
nung wurden wir an beiden Seiten des Weges überwacht. Noch
wussten wir nicht, wohin wir gingen, bis wir kaum unseren Augen
trauen konnten. Wir sahen, wie die Frauen aus den Baracken, die
zuerst angetreten waren, mit großen schweren Steinen in den Armen
zurückkehrten. Darum ging es also. Wir mussten Steine schleppen,
und auf welche Weise. Eins menschenunwürdiger als das andere.
Dasselbe, was die Männer am Sonntagmorgen hatten tun müssen,
ließen sie uns am Abend tun. Jede von uns musste zwei Steine tragen,

und einige Hundert Meter entfernt mussten wir einen Haufen errichten. Von einem Haufen auf den anderen. Dieses Spielchen dauerte von halb sechs bis zehn Uhr. Sehr viele Frauen fielen in Ohnmacht. Die Frauen konnten nicht mehr. Es gab ein Chaos. Eine nach der anderen wurde bewusstlos. Der eine Nervenzusammenbruch folgte dem anderen. Ein Mädchen, das sah, wie ihre Mutter umfiel, wurde bestraft, weil es ihr helfen wollte. Es war ein Abend, den man nie wieder vergisst. Wir wurden aufgescheucht und mit Schlägen angetrieben, damit wir schneller liefen und die Steine auch ordentlich ablegten. Bei dem Haufen Steine, den wir abtragen mussten, standen einige «Hohe» und ein junges holländisches Mädchen, das mit einem Stock in der Hand dastand und schrie. Wie sie da so stand und brüllte und schrie, sah sie aus, als gehöre sie auf eine Kirmes. Einige von uns kannten sie aus Amsterdam, wo sie in einem Gemüsegeschäft als Ladenmädchen gearbeitet hatte. Auf dem Stapel Steine, den wir errichtet hatten, stand der *Obersturmführer* und schrie wie ein Wahnsinniger. Sein Gesichtsausdruck war der eines Menschen, der nicht mehr wusste, was er tat. Nur noch Geschrei und Gebrüll. Als wir dachten, wir hätten endlich genug getan und dürften aufhören, ging es wieder von vorne los. Also kehrten wir zu dem Haufen Steine zurück, der einfach nicht kleiner werden wollte. Die Szene um mich herum war nicht mehr mitanzusehen. Überall Bewusstlose. Menschen im Alter von sechzig Jahren (sie waren noch in Vught, weil sie eine Diamantsperre* hatten) schleppten Steine und boten einen tragischen Anblick. Sie wurden von den Posten herumgejagt. Rasend hätte man werden können. Allerdings lief ein Seufzer der Erleichterung durch die Menge, als wir merkten, dass es nicht um

---

* «Gesperrt» bedeutet, dass sie vorläufig von der Deportation freigestellt waren. «Diamantsperren» wurden mit Diamanten erkauft. Siehe im Glossar unter «Sperre».

einen Transport, sondern nur ums Steineschleppen ging. Aber zuletzt verloren die meisten von uns ihre letzten Kräfte. Dann wurden wir mit Schlägen aufgescheucht. Ich war der festen Überzeugung, dass wir es mit Wahnsinnigen zu tun hatten, denn von Menschlichkeit konnte keine Rede sein. Einige der Wachen richteten noch schmutzige Bemerkungen an einige von uns. Solche Schweine waren es, und sie lachten noch dabei. Endlich, als wir todmüde waren und uns fast nicht mehr von der Stelle rühren konnten, durften wir aufhören. Vögel sangen so lieb und so schön. Die Sonne ging unter, und es war prächtig im Wald, aber alles, was in der Natur schön und rein war, wurde so vergällt und beschmiert, dass viele das Schöne nicht einmal wahrnahmen. Wie hätte es auch anders sein sollen? Die Menschen waren doch viel zu verbittert und hasserfüllt, als dass sie ihre Aufmerksamkeit noch auf die Schönheit der Natur hätten richten können. Und es tat so weh. Vielleicht geistig noch mehr als körperlich. Ich dachte an unsere Männer, die dasselbe mitgemacht hatten und noch dazu von großen Bluthunden gehetzt worden waren, die man mitgenommen hatte. Nun wusste ich, was sie erlitten hatten. Es wurde ein tragischer Marsch zurück, aber noch waren wir nicht wieder in der Baracke. Die Kranken wurden auf Wagen zurückgebracht. Und währenddessen wussten die Männer, die noch im Lager waren, nicht, was mit den Frauen passiert war. Der Abend war noch nicht zu Ende. Unter den Männern befanden sich Berufskünstler. Geiger und Pianisten. Um es kurz zu machen: Man stellte aus den Besten von ihnen ein Orchester zusammen. Die Männer wurden an diesem bewussten Abend zusammengetrommelt, denn sie lagen schon im Bett. Das komplette Orchester musste antreten. Ein großer Flügel wurde aus der Kommandantur geholt, und das Orchester vor dem Tor auf dem inneren Platz aufgestellt. Die Männer wussten immer noch nicht, was das sollte, aber bald sollten sie es erfahren. Wir sollten mit

Musik zurück ins Lager gebracht werden. Hätte man sich in diesem Augenblick schlimmeren Sadismus vorstellen können? Geschunden und gequält marschierten wir in Fünferreihen ein. Wir trauten unseren Ohren nicht, als die ersten Klänge der Musik zu uns drangen, und ich bebte vor Entsetzen. Wie war das alles nur möglich? Dafür hatte man die Männer aus dem Bett geholt – um ihre Frauen, die krank vor Müdigkeit und durchstandener Angst und Aufregung waren, mit Musik zu empfangen. Mit dem Trauermarsch von Chopin. Es war widerwärtig. Was empfanden diese Männer wohl, als sie all das mitansehen und immer weiterspielen mussten? Nicht nachdenken, Männer, nicht nachdenken. Spielt einfach weiter. Es hätte genauso gut der *Danse macabre* sein können. Frauen auf Tragen kamen am Orchester vorbei. Als wir endlich wieder in der Baracke waren, führte mich mein erster Weg in den Waschraum, weil ich mir all den Schmutz herunterwaschen wollte, buchstäblich und im übertragenen Sinne.

Der Tag war vorbei. Es gab wieder ein paar Kranke mehr. Am darauffolgenden Abend wiederholte sich das Spielchen, aber auf noch schlimmere Weise. Der Weg, den wir zurücklegen mussten, war viel länger als vorher, und die Steine waren größer und schwerer. Hinzu kam noch, dass wir vom Vorabend todmüde waren, denn wir mussten trotz allem morgens um halb sechs aufstehen. Der Abend wollte einfach nicht enden. Die Steine wurden bleischwer. Die Menschen im Dorf konnten sehen, wie wir uns abschleppten. Ein schöner Anblick für jemanden, der nicht selbst so arbeiten muss. Wieder waren viele von uns unfähig weiterzumachen. Wieder brachte man Tragen. Viele saßen auf ein paar Steinen am Wegrand, aber immer wenn ein «Hoher» vorbeikam, wurden sie weggejagt. Sie durften sich nicht ausruhen. Dazu gab es keine Notwendigkeit. Für uns Jüngere war es auszuhalten, aber wenn ich mir die Älteren ansah ... Menschen, die älter waren als fünfzig Jahre. Sie fühlten sich so elend. Junge Leute

sahen, wie ihre Mütter vorbeigingen, und was hätten sie nicht darum gegeben, ihren armen Müttern dieses Leid zu ersparen? Aber alles geht einmal zu Ende, also auch dieser Abend der Qual. Ich achtete diesmal viel mehr auf den Anblick der untergehenden Sonne und war selbst erstaunt, dass ich mich dafür noch interessieren konnte. Wie ein großer Feuerball sprühte sie und schickte ihre Strahlen durch die Bäume über das Judentum. Was für ein schöner Anblick. Wie Balsam auf eine Wunde. Märchenhaft und bezaubernd war das, und dadurch wurde mir das ganze Leid, das ich durchmachen musste, etwas leichter. Du schöne Natur. Wie viel Gutes kannst du uns tun. Und immer im richtigen Augenblick. Aber als ich in die Wirklichkeit zurückkehrte, fühlte ich das Elend nur umso stärker, und ich ging weiter über den sandigen Boden, in dem ich immer tiefer versank. Endlich war auch das vorbei, und wir konnten uns den Baracken zuwenden. Wieder wurden wir mit Musik empfangen. Übel konnte einem davon werden. Wir waren uns unserer Ohnmacht bewusst, als wir wieder durch das Tor gingen, während links und rechts holländische SS stand und uns lachend zusah. In der Kaserne hatten sie riesigen Spaß. War es etwa nicht amüsant, so viele Frauen zu quälen? Das war doch an sich schon eine große Heldentat.
Viel erschöpfter als am Abend vorher wankte ich endlich in mein Bett. Wir waren von halb sechs bis zehn Uhr zugange gewesen.

22. Mai

Heute hieß es, wir müssten wieder Steine schleppen. Diesmal nicht abends, sondern am Nachmittag von eins bis sechs. Es stand noch nicht fest, dass das passieren sollte, aber wir gingen sicherheitshalber schon mal davon aus und legten uns nach dem Morgenappell wieder schön auf die Betten. Wir warteten einfach ruhig ab. Um zwölf Uhr kam die Nachricht, wir müssten keine Steine schleppen, und ein paar Stunden später sollten wir dann doch wieder. Wir sollten wieder um halb sechs antreten, und wir wussten, wir würden nun regelmäßig jeden Tag diese Arbeit oder andere solche Arbeiten verrichten müssen. Um fünf dann wieder die Nachricht, es sei nicht nötig. Heute, am Samstag, brauchen wir also zum Glück keine Steine zu schleppen. Dafür waren wir sehr dankbar, denn wir hatten dem Ganzen mit großem Widerwillen entgegengesehen. Wieder einige Stunden lang gequält und wie Wild herumgejagt werden. Sie wissen ganz genau, womit sie uns treffen können. Viele von uns hatten kaputtgelaufene Füße und kleine Wunden an den Händen. Trotz dieser kleinen Verletzungen hätten sie mitgehen müssen. Warum wir heute Ruhe hatten, wissen wir selbst nicht. Dafür müssen wir bestimmt ein andermal wieder bluten. Davon sind wir fest überzeugt.

Morgen erwartet uns wieder ein schwerer Tag. Wieder wird ein Transport nach Westerbork abfahren. Erst waren es Menschen, die älter als fünfundfünfzig sind. Jetzt wurde die Altersgrenze heruntergesetzt, und die Menschen über fünfzig müssen mit. Wäre der Tag morgen nur schon vorbei. Dass er schrecklich wird, wissen wir schon jetzt. Jeder einzelne Abschied ist eine Tragödie. Wir dürfen den Mut nicht verlieren. Kopf hoch, sage ich mir. Das rufen uns die *Häftlinge* auch immer zu. Und trotzdem: Als wir zurückkamen, war es, als wäre unsere Müdigkeit verflogen. Stolz und mit erhobenen Köpfen gingen wir durch das Tor. Darüber befand sich ein großer Balkon, auf dem sich die Offiziere versammelt hatten. Als nähmen wir alle Energie und Willenskraft zusammen und wollten uns nicht anmerken lassen, was wir erlitten hatten und wie schmerzhaft das für uns gewesen war, machten wir noch ein paar Späße miteinander.

Unser weiblicher Stolz kam zum Vorschein. Wir wollten nur tapfere jüdische Frauen sein. Wir wollten den Deutschen zeigen, dass wir unter dem ganzen Leid, das man uns zufügte, nicht gebückt gingen. Wir waren der Achtung doppelt und dreifach wert. Auch für unsere Männer wollten wir stark bleiben. Eine der Frauen aus meiner Baracke bekam am folgenden Morgen diesen Brief von ihrem Mann:

Liebe Frau,

das hier wird kein langer Brief, denn ich habe sehr viel zu tun. Aber ich glaube, was ich schreibe, ist schon genug. Gestern Abend war ich also beim Einzug der Frauen dabei. Ich konnte nicht sehen, wer alles dabei war, weil ich bei der großen Küche stand. Also ein ganzes Stück weg. Aber wie unglaublich mutig sind die Frauen doch. Wenn du selbst dabei gewesen bist, weißt du es. Wir standen da ungefähr zu zehnt, und einer schrie lauter als der andere. Nicht aus Mitleid, sondern vor allem aus ohnmächtiger Wut. Zweitens wegen der großartigen Haltung unserer jüdischen Frauen, die vorbeikamen – singend, tapfer, tanzend, uns zuwinkend. Was haben die «Herren» auf dem Balkon wohl empfunden? Wenn sie noch ein einziges Gramm Ehrgefühl in sich tragen, müssen sie sich tief geschämt haben. Aber heute ist das zum letzten Mal passiert. Es war nichts als Reklame. Tarnung für die «hohen Tiere». Frau, sag all den Frauen um dich herum, dass ihnen meine tief empfundene Hochachtung gehört (und die anderen denken genauso darüber) und dass um ihre Köpfe ein Glorienschein entstanden ist, in den eingraviert steht: Jüdische Frau. Und das bedeutet: tapfer, resolut und stark. Um halb zwölf habe ich gestern Abend den Männern aus meiner Baracke davon erzählt, weil sie dem Arbeiten in Den Bosch[*] mit so großem Unwillen entgegensehen. Damit haben sie auch nicht Unrecht, denn sie werden dort arg geschlagen und müssen schuften wie die Pferde. Aber ich habe ihnen vom Einzug unserer Frauen erzählt. Ich habe ihnen gesagt, sie sollten sich daran ein Beispiel nehmen und ihre Frauen würdigen, die den deutschen «Herren» eine solche Lektion erteilt haben. Frau, wenn du dabeigewesen bist, dann bin ich froh. Es klingt vielleicht seltsam, aber ich meine, was ich sage. Die Frauen haben ihnen einen Schlag ins Gesicht verpasst, der genau gesessen hat. Ich werde das mein Leben lang nicht vergessen, und ich bin euch Frauen dankbar. Frau, Mut, Mut und nochmals Mut. Gib der Verzweiflung nicht nach, denn wir müssen stark sein. Dein Mann sendet dir alles, alles Liebe; halt dich nur an ihm fest.

[*]   Anderer Name für s'Hertogenbosch bzw. auf Deutsch Herzogenbusch.

Erstes Heft

Gestern war wieder ein Tag das Elends, wie es übrigens viele gibt.
Es vergeht beinahe kein Tag mehr, ohne dass etwas passiert, was sich
auf ewig in unser Gedächtnis eingräbt. Am Samstagabend brauchten
wir keine Steine zu schleppen, aber es wurde uns mitgeteilt, dass am
Sonntagmorgen von acht bis zwölf Uhr Besuch kommen sollte.
Das war dann zugleich auch, um Abschied von denen zu nehmen,
die nach Westerbork sollten. Die meisten von ihnen wussten am
Samstagabend noch nicht, dass sie am Sonntag aufbrechen würden.
Das war eine «Überraschung». Am Sonntagmorgen um halb sechs
wurden die Namen bekannt gegeben. Frauen, die nicht im Entferntes-
ten hätten vermuten können, dass sie wegmussten, erschraken sehr,
als sie hörten, wie ihr Name aufgerufen wurde. Tiefe Bestürzung.
Nervenzusammenbrüche – etwas, woran ich mich inzwischen schon
gewöhnt hatte. Den ganzen Tag gab es ein einziges hektisches Gerenne. Die Sachen mussten gepackt werden. Das Gepäck, das sich im
SS-Magazin befand, würde man nachschicken, hieß es. Wir wussten
sehr gut, dass das nie passieren würde. Was sie einmal in den Händen
hatten, gaben sie nicht wieder her. Es wurde ein verrückter Tag. Erst
am Morgen die ganze Unruhe mit dem Besuch. Ich setzte mich ganz
gemütlich auf mein Bett und schrieb. Ich würde sowieso keinen
Besuch bekommen, mein Mann war ja schließlich in Moerdijk.

Der ganze Besuch interessierte mich nicht, und ich hatte mir auch fest vorgenommen, mich nicht mit dem Transport nach Westerbork zu befassen. Jedes Mal, wenn ich wieder so einen Transport mitgemacht hatte, wirkte die Aufregung noch lange in mir nach. Darum wollte ich mich dieses Mal heraushalten. Aber nicht alles, was man sich vornimmt, lässt sich immer in die Tat umsetzen. Ich blieb beinahe den ganzen Tag im Schlafsaal, weil ich einfach nichts sehen wollte, aber ich hörte umso mehr. Als die Menschen Abschied voneinander nehmen mussten, war es wieder die reine Hölle. Ich hörte Stöhnen und Schluchzen. Mütter wollten ihre Kinder nicht loslassen, und als ich dem Kopf unter die Decken steckte, um von allem nichts mehr hören zu müssen, drang von draußen das Schluchzen immer noch zu mir durch. Eine sehr gute Freundin von mir, von der ich schon einmal geschrieben habe, als sie in einer Nacht so schlimm krank geworden war, konnte hier nicht gesund werden und wurde wie die anderen auf Transport geschickt. Sie sollte ins Krankenhaus in Westerbork gebracht werden. Wir alle wussten, sie würde nie wieder gesund werden. Ich zweifelte sogar daran, dass sie überhaupt lebend dort ankäme. Diese Frau, mit der ich in Amsterdam so viele schöne Dinge erlebt habe, ist hier unheilbar krank geworden. Ein Rätsel. Immerzu musste ich an die schreckliche Nacht denken, die ich mit ihr zusammen verbracht hatte. Diese Nacht würde ich nie wieder vergessen. Nie im Leben. Deswegen war es mir auch unmöglich, Abschied von ihr zu nehmen. Umso mehr, als ich vor einer Woche in den Krankensaal gegangen bin, um sie zu besuchen. Ich war davon ausgegangen, sie auf dem Wege der Besserung anzutreffen, und erschrak sehr, als ich hörte, wie schlecht es ihr ging. Sie war fast nicht wiederzuerkennen, und sie sah so aus, wie sie in dieser bewussten Nacht ausgesehen hatte. Traurig ging ich aus dem Krankenhaus weg. Draußen traf ich ihre Nichte, die sehr weinte, als sie mich sah. Ich ließ sie sich ausweinen, denn was hätte ich ihr auch sagen sollen? Ich war selbst so traurig; es hätte nicht viel gefehlt und ich hätte alles aus mir herausgeschrien. Sie berichtete mir von der unheilbaren Krankheit, und auch davon, dass die Patientin darüber sehr gut Bescheid wusste. Das war das letzte Mal, dass ich bei ihr war. Ich konnte mich nicht von ihr verabschieden. Am Morgen schrieb ich ihr einen Brief. Am Mittag hörte ich, dass sie sehr tapfer war, als sie auf Transport ging. Das war das Ende des Dramas. Manchmal frage ich mich, wie das alles überhaupt möglich ist. Dass jemand, der gesund und in guter Verfassung sein Haus verlässt, so entsetzlich krank wird, dass er nie wieder gesund werden kann. Obwohl ich von dem Transport selbst nichts gesehen habe, habe ich umso mehr davon gehört. Am folgenden Tag wurde mir klar, dass wieder viele Freunde und Bekannte weg waren. Und trotzdem, das Leben geht weiter. Wir ließen alles sehr schnell hinter uns, denn wir wussten, dass es noch nicht zu Ende war. Immer wieder würden weitere Transporte abfahren, also würden wir bei jedem Transport dasselbe durchmachen. Wir gewöhnten uns langsam daran.

Heute, am Montag, wurde in allen Baracken bekannt gegeben, dass wir unseren Schmuck abgeben mussten, zum Beispiel Eheringe, Armbänder usw. Hier passiert wirklich jeden Tag etwas anderes, und doch gleicht ein Tag dem anderen. Auf den ersten Blick würde man gar nicht sagen, dass hier täglich so viel passiert. Aber es ist so. Die Baracken wurden kontrolliert. In dieser hier war es nicht «sauber» genug. Das konnte vorkommen. Und auch, wenn es sauber war, war nicht alles in Ordnung. Zur Abwechslung müssen wir jetzt um vier Uhr aufstehen, denn um fünf Uhr ist Appell. Nicht mehr auf dem Weg, der die Baracken entlangführt, sondern auf dem großen Exerzierplatz. Der Wegrand wurde eingezäunt, dort dürfen wir nicht mehr sitzen, wenn das Wetter gut ist. Es wäre auch zu schön gewesen.

So konnte das nicht bleiben, dass wir in der Sonne hätten liegen dürfen. Jetzt ist es vorbei mit dem Spaß, und wir können nur noch ein bisschen auf und ab laufen oder in der Baracke bleiben. Es sind Tage, die den Geist töten. Und sie sind so lang. Die meisten kriechen, wenn sie vom Appell kommen, noch schön ein paar Stunden wieder ins Bett, weil es auch einfach zu lächerlich ist, um vier Uhr aufstehen zu müssen. Jetzt müssen wir in Fünferreihen vor unserer eigenen Baracke antreten, und dann marschieren wir zum großen Exerzierplatz. Das sorgt allerdings für einige Ablenkung, denn jetzt sehen wir die Männer auch beim Appell direkt vor uns. Auch die *Häftlinge* ziehen da vorbei, und dann kann ich zumindest im Vorübergehen einige Bekannte begrüßen. Hin und wieder bekommt einer von ihnen einen kräftigen Schlag auf den Hintern.

Gestern war wirklich ein schöner Abend. Unsere Lagerleiterin hatte Geburtstag, und ihr zu Ehren wurde ein Kabarett aufgeführt. Die besten Künstler aus dem Lager hatten sich zusammengetan und eine hübsche Revue einstudiert. Das lenkte uns tatsächlich etwas ab, denn ein Mensch braucht nun einmal von Zeit zu Zeit ein wenig Entspannung. Zwei NSB-Leiterinnen* waren anwesend. Das war an sich nicht so gut, weil man sich mit einigen Ausdrücken zurückhalten musste. Ab und zu bekamen sie aber ordentlich etwas ab. Eine unserer Lagergenossinnen, ein freches, respektloses Ding, trug ein so unglaublich dreistes Liedchen vor, dass wir alle laut lachen mussten, aber es war ganz deutlich gegen die beiden gerichtet, und ich glaube, das merkten sie auch sehr gut. Wir wurden allerdings so übermütig, dass wir fröhlich aus voller Kehle mitsangen und dabei hin und wieder vergaßen, dass wir Gefangene waren. Es war ein nettes Grüppchen,

* NSB = Nationaal-Socialistische Beweging in Nederland. Siehe im Glossar unter «NSB».

das uns an diesem Abend aufmunterte, und wieder war ich von der Haltung der jüdischen Frauen beeindruckt. So voller Energie und so voller Mut bei so viel bitterem Leid um uns herum. Trotzdem gaben an diesem Abend alle ihr Bestes, und das nur, um uns für eine kurze Zeit das ganze Elend vergessen zu lassen. Sie verdienten dafür auch tatsächlich großes Lob und erhielten dementsprechend herzlichen Applaus. Um elf Uhr gingen wir zufrieden ins Bett. Ich lag noch eine Weile wach und dachte über viele Dinge nach. Ich dachte an meine Familie, und wie es allen wohl ergangen war. Vielleicht machten sie sich ja große Sorgen um uns, während wir Spaß hatten. Und ich dachte an die tausend Männer da draußen in Moerdijk. Auch von ihnen wusste ich, dass sie an uns dachten. Dass jeder Brief, den sie ihren Frauen in Vught schickten, ein Hilfeschrei war. Ein Schrei der Sehnsucht danach, wieder bei ihren Frauen zu sein. Sie litten Hunger. In jedem Brief baten sie um Brot. Und wo sollten wir das hernehmen? Wenn wir keine Päckchen bekamen, hatten wir selbst Hunger, aber wir versuchten trotzdem, so viel wie möglich nach Moerdijk weiterzu-schicken. Außerdem hatten die Männer gehört, dass die Frauen Steine geschleppt hatten. Das fanden sie sehr schlimm, denn wie es tatsäch-lich gewesen war, wussten sie nicht. Es hatte keinen Sinn, ihnen davon zu schreiben, und warum hätten wir ihnen ihr Schicksal noch er-schweren sollen? Das alles ging mir durch den Kopf, bis ich schließlich doch noch einschlief. Es muss etwa halb drei gewesen sein, als wir plötzlich von einem lauten Schlag geweckt wurden. Ob eine Bombe gefallen oder vielleicht ein Flugzeug abgestürzt war, wussten wir nicht. Wir wussten nur, dass gerade etwas Schlimmes passierte. Fenster sprangen entzwei, und ein Gedröhne von Flugzeugen über den Baracken. Draußen sahen wir ein Flammenmeer. Ein paar Frauen fielen von der dritten Etage aus den Betten. Eine Stimmung der Panik drohte zu entstehen, denn viele begannen sofort zu schreien und waren völlig hilflos, aber zum Glück war die Ordnung bald wiederhergestellt. Schnell zogen wir uns an, aber alles geschah im Dunkeln, denn es durfte kein Licht brennen, nur ein paar Kerzen. Die Erste Hilfe war schnell vor Ort, aber was für ein Schreck, wenn man vom dritten Stock aus dem Bett fällt. Eine Frau hatte sich arg den Fuß verknackst. Ansonsten war nichts Besonderes passiert. Niemand konnte sagen, was genau los war, denn Menschen waren nicht zu Schaden gekommen. Sofort wurde im Kinderlager eine Untersuchung eingeleitet. Auch dort waren viele Fensterscheiben kaputt, aber sonst war nichts passiert. Nach einer Stunde ging ich wieder ins Bett, wo ich noch eine Zeit lang ungestört schlief. Ich war während der ganzen Aufregung seltsam ruhig geblieben. Um vier Uhr wurden wir wieder zum Aufstehen geweckt, und schlaftrunken, mit bleichen Gesichtern, marschierten wir zum Appellplatz. Wir waren alles andere als gut gelaunt. Ein blasses Männchen schaute mitleidig auf uns herunter; wahrscheinlich taten wir ihm leid, weil wir so früh aufstehen mussten. Die Offiziere schrien lauter als je zuvor und teilten munter Schläge aus. Aber vor ihrem Geschrei habe ich keine Angst mehr. Wir alle haben uns die Lagerlosung zu eigen gemacht, die folgendermaßen lautet: «Damit können sie mir keine Angst mehr machen. Nur noch Freude.» Und daran dachte ich, als die «Herren» so dastanden und brüllten. Daran hatten wir uns alle langsam gewöhnt. Warum hätten wir noch Angst haben sollen? Was konnte uns denn noch passieren?

Donnerstag 27. Mai

Gestern Abend gab es wieder einen fröhlichen Appell. Begleitet von Schreien und Kreischen traten wir wieder an. Dann mussten wir strammstehen, mit dem Gesicht zu den Männern, die uns gegenüber

standen, aber wir durften sie nicht ansehen, denn das ist «lebensgefährlich». Wir mussten uns also alle umdrehen, und es gab ein
Gestoße und Geschubse, das nicht von schlechten Eltern war. Hier
und da wurde wieder jemand geschlagen. Als wir endlich ordentlich
mit den Gesichtern in die andere Richtung dastanden, mussten wir
uns wieder umdrehen. Das ging eine Weile so. Allmählich begannen
wir uns ordentlich zu langweilen, und ich fragte mich, ob ihnen denn
nichts Besseres einfiel und ob sie vielleicht glaubten, sie könnten auf
diese Weise den Krieg gewinnen. Es war alles so schwachsinnig. Wir
nahmen das Ganze von der heiteren Seite, und während wir dastanden, trieben wir ein paar Späße miteinander. Sinn für Humor besaßen
wir genug, und ich hörte, wie von verschiedenen Seiten die Stimme
der Leiterin nachgeahmt wurde. Nachdem wir eine ganze Weile so
dagestanden hatten, durften wir endlich wegtreten. In der Kommandantur gibt es jetzt einen Friseursalon. Ganz auf die Anforderungen
der Zeit eingestellt. Nun müssen die Friseurinnen unter den Lager-
frauen jeden Abend dorthin gehen, um den Leiterinnen und den
Frauen (den Ehrenbräuten) der Offiziere die Haare zu schneiden.
Dafür nehmen sie dann also jüdische Frauen. Aber mich erstaunt
nichts mehr, denn sonst würde ich von der einen Verblüffung in die
nächste geraten. Wir lassen alles kommen, wie es eben kommt, und
werden jeden Tag gleichgültiger. Man gewöhnt sich auf die Dauer an
alles. Hier im Lager geschehen ohnehin Dinge, die nicht mehr
normal sind. Die Tatsache, dass wir überhaupt hier sind, kann
man doch auch nicht als normal bezeichnen.

Heute Morgen habe ich etwas erlebt, was mich wieder ganz und gar in die Welt von Frank van Wezel* versetzt hat. Am kommenden Sonntag wird hoher Besuch erwartet, deswegen ist alles in Aufruhr. Ganz früh heute Morgen kam die NSB-Leiterin** mit der Mitteilung, die Betten müssten umgestellt werden. Das war schon an sich keine Kleinigkeit, denn immer drei Betten sind aneinander befestigt. Wir hatten alle am Anfang überhaupt keine Lust, uns darum zu kümmern, mussten es aber doch. Mit etwa zehn Frauen wurden die Betten auseinandergezogen und von der einen Seite auf die andere gebracht. Dabei herrschten lautes Gelächter und Geschrei. So laut, dass die Leiterin selbst dabeistand und mitlachte. So unbeherrscht wie es nur ging. Als die Betten auseinandergeschoben wurden, wollte sie uns vormachen, wie gut man zum Fegen dazwischenkam. Sie legte sich der Länge nach unter eines der Betten auf den Boden, einen Staubwedel in der Hand. Zwei von uns standen hinter ihr, und alle verspürten die Neigung, sie einmal kräftig in den Hintern zu treten. Die Gelegenheit war fast zu günstig, um sie ungenutzt verstreichen zu lassen. Wir taten es natürlich nicht, aber ich fand das schade. Was für ein verrückter Morgen. Die Frauen, die sich mit den Betten abmühten, waren wirklich unverwüstlich. Alle machten ständig Witze. Sangen die verrücktesten Lieder und taten so, als arbeiteten sie aus Spaß. Die ganze Bettenumstellung geriet in Unordnung, denn erst mussten die Bettgestelle nach links, dann wieder nach rechts. Als endlich alles umgeräumt war, schien sich nicht viel verändert zu haben – nur waren wir stundenlang

---

* Anspielung auf den Roman *Frank van Wezels roemruchte jaren* von A.M. de Jong, der im Ersten Weltkrieg spielt.

** NSB = Nationaal-Socialistische Beweging in Nederland. Siehe im Glossar unter «NSB».

an der Arbeit gewesen. Es gab alle Hände voll zu tun. Und das alles
für den hohen Besuch, der kommen sollte. Eine hatte sich in eines der
Betten gelegt und wurde zum großen Vergnügen der anderen wie auf
einem Prunkbett hin und her geschleudert. Jedenfalls haben wir uns
auf diese Weise eine Weile unterhalten.

29. Mai

Normalerweise müssen wir immer um neun Uhr im Bett liegen.
Gestern Abend wurde plötzlich der Befehl ausgegeben, wir dürften
nicht ins Bett. Erst sollten noch einige Betten umgestellt und der
ganze Esssaal saubergemacht werden. Alles wegen des «hohen
Besuchs». Das ganze Getue hing mir wieder sehr zum Hals heraus,
denn ich war in keiner Weise davon überzeugt, dass auch tatsächlich
«Besuch» kommen würde. Das hatte man uns übrigens schon ein paar
Mal angekündigt, aber bisher war der Fall nie eingetreten.
Jedes Mal, wenn die Sache wieder zur Sprache kam, gab es zusätzliche
Arbeit zu verrichten. Wahrscheinlich ging es einfach darum, uns ein
wenig härter arbeiten zu lassen. Es war doch lächerlich, abends zu
putzen. Das war wieder etwas Neues. Es gab heftigen Protest, denn
derselbe Scherz wiederholte sich schon zwei Abende hintereinander.
Um halb elf ins Bett und um vier Uhr wieder raus. Außerdem bekamen wir viel zu wenig zu essen, also war es verständlich, dass wir keine
Lust hatten. Dazu kam, dass wir die Betten wieder umstellen mussten,
obwohl wir doch schon am Morgen so schlimm geschuftet hatten.
Ich kümmerte mich um nichts und legte mich schön um halb acht ins
Bett, gefolgt von meinen anderen Schlafgenossinnen, die sich rund-
weg weigerten zu arbeiten. Am nächsten Morgen standen wir mit
neuem Mut wieder auf. So ging es jeden Tag von Neuem. Kohlsuppe

mit Kommissbrot und Kommissbrot mit Kohlsuppe, zwischendurch
Spinatsuppe, die auch nicht anders schmeckte.

Der Appellplatz braucht unbedingt einen anderen Namen, denn
was sich dort abspielt, ist einfach unglaublich. Ich sehe dort Dinge,
bei denen ich mich manchmal frage, ob ich wache oder träume. Oft
frage ich mich, ob es Wirklichkeit ist, was ich alles erlebe, denn
manchmal kann ich meinen eigenen Augen nicht trauen. Erst müssen
die Frauen antreten. Danach die Männer. Dann kommen mit schlep-
pendem Schritt die *Häftlinge* zwischen die Männer und Frauen.
Wie elend diese Menschen aussehen. Ausgemergelte Gesichter, wie
Leder. Eine Reihe, die einfach nicht enden will. Alte Männer, junge
Männer, unter denen sich sehr junge befinden, fast noch Kinder.
Ihre Köpfe sind ganz kahl, sie tragen gestreifte Anzüge, die so entsetzlich schmutzig sind, dass man bei ihrem Anblick nur sehr, sehr traurig
werden kann. Wie schrecklich diese armen Tröpfe leiden müssen.
Beim Wegtreten müssen sie rennen, denn wenn sie das nicht tun,
werden sie verprügelt. Das werden sie übrigens sowieso. Wenn sie
ermahnt werden, zittern sie vor Angst. Der ganze Appellplatz ist eine
Hölle. Totenstille herrscht dort, wenn die Offiziere ankommen. Dann
hört man nichts anderes als ihre gleichmäßigen Schritte. Wir halten
fast den Atem an, und sie stellen sich links und rechts auf. Wenn es
dann jemanden gibt, der nicht korrekt Haltung angenommen hat,
können sie wieder ein paar Schläge verteilen. Seit ein paar Tagen gibt
es unter den Gefangenen einen kranken alten Mann, den zwei
andere auf den Appellplatz tragen müssen. So ein armer Kerl. Wenn
ich sehe, wie dieser Mann gebracht wird, möchte ich weinen vor

lauter bitterem Schmerz. Dann geht mir die Frage durch den Kopf, wie es möglich ist, dass Tausende und Abertausende von Menschen, die hier zusammen sind, sich jede Erniedrigung, jede Gemeinheit gefallen lassen müssen. Die Vormänner, die für die Bewachung der Gefangenen zuständig sind, selbst zu den Gefangenen gehören und ihren Posten nur haben, weil sie aus Deutschland kommen, sind auch so böse. Heute Morgen kam einer der *Häftlinge* zu spät zum Appell. Er wurde von Offizieren und den Vormännern erwartet und auf verbrecherische Weise verprügelt. Das mussten wir alle mitansehen. Unsere Männer haben es auch nicht leicht, wenn sie Appell stehen. Sie werden entsetzlich geschliffen und müssen ebenfalls im Laufschritt wegtreten. Manchmal bin ich wirklich froh, dass mein Mann in Moerdijk ist und dass ich nicht sehe, wie er Appell stehen muss, denn es ist eine Qual, wenn man die Männer so machtlos und wie dressierte Hunde dastehen sieht. Dressiert, als wären sie in einem Zirkus. Immer schön Haltung annehmen und dann die scharfe Kontrolle, wenn einer von ihnen aus Versehen ein bisschen zu weit vorne oder nicht ganz gerade in der Reihe steht. Während des Appells werden die Offiziere und die Leiterinnen heftig verflucht. Sie schreien wie besessen, völlig ohne Grund. Gestern Mittag kam eine von ihnen in die Baracke, schlug einen Kerzenständer vom Tisch und machte alles kaputt, was ihr unter die Finger kam. Und das alles, weil sie verrückt sind, denn dass diese Menschen, wenn ich sie überhaupt Menschen nennen kann, gestört sind, steht für mich fest. Was sie von sich geben, hat gar nichts Menschliches mehr. Und denen sind wir jetzt ausgeliefert. Heute gab es wirklich «hohen» Besuch. Wir haben wieder etwas mehr Bewegungsfreiheit und dürfen wieder am Wegrand sitzen. Nicht liegen, nur sitzen, denn Liegen ist zu angenehm und würde uns viel zu sehr verwöhnen. Das geht natürlich nicht, denn wir dürfen vor allem nicht vergessen, dass wir Juden sind. Juden, die sich treten lassen müssen, wann immer sie Lust dazu verspüren. In den vergangenen Tagen habe ich mich sehr unglücklich gefühlt. Ich bin krank vor Sehnsucht nach meinem Mann. Meine Schlafgenossin ist in eine andere Baracke verlegt worden, die man speziell für die Philips-Abteilung* eingerichtet hat. Jetzt liege ich allein und kann unter den Decken einfach so weinen, ohne dass es jemand merkt. Außerdem hatte ich in den letzten Tagen wieder unter heftigen Speiseröhrenkrämpfen zu leiden. Dabei darf man hier doch nicht krank sein. Also alles, was man hat, allein ertragen. Und wenn ich mich so allein fühle, bin ich völlig davon überzeugt, dass unser Elend kein Ende haben wird. Wir sind in einer sehr schlimmen Lage. Und die Maßnahmen, die ergriffen werden, deuten im Übrigen in keiner Weise darauf hin, dass wir bald nach Hause dürfen. Und wo ist denn zu Hause? Das haben wir doch inzwischen auch nicht mehr? Aber wenn wir alle unsere Freiheit zurückbekommen würden, unsere so leidenschaftlich ersehnte Freiheit, dann wäre es auch schon gut. Wieder frei atmen können. Als Mensch in die Gesellschaft zurückkehren. Wie soll das aussehen? Wie soll das werden? Ich höre jetzt auf und schlafe ein bisschen.

Dienstag 1. Juni

Wenn es wirklich einmal so weit kommen sollte, dass man an den Tyrannen Rache nimmt, dann wird die Rache heftig ausfallen. Heute Morgen gab es wieder sehr traurige Szenen auf dem Appellplatz. Unsere Männer sind arg verprügelt worden. Warum, weiß niemand. Ich war unendlich dankbar, dass mein Mann nicht anwesend war, obwohl es in Moerdijk auch alles andere als angenehm ist.

---

* Das heißt für die Zwangsarbeiterinnen der Firma Philips.

Am Sonntag mussten die Männer dort vier Stunden Appell stehen. Zwei Jungen im Alter von siebzehn Jahren hatten versucht, den Stacheldraht durchzuschneiden, um auf diese Weise einen Fluchtversuch zu wagen. Der war misslungen, und unsere Männer mussten genau so lange stehen, bis die Täter gefunden waren. Vier Stunden Appell stehen ist natürlich auch höllisch, aber dabei zusehen, wie unsere Männer eine Tracht Prügel bekommen? Ich weiß genau, was schlimmer ist. Wenn ich das mitansehe, drücke ich mir die Nägel in die Handteller und versuche auf diese Weise, meine Wut zu beherrschen. Wir stehen in Zehnerreihen da, und fast immer stand ich ganz vorne. Dann sah ich gegenüber eine ganze Menge Bekannte. Kollegen, mit denen ich früher zusammengearbeitet habe. Wir nickten einander dann zu, denn sprechen kann man nicht. Das ist zu gefährlich. Aber jetzt, nach dem, was heute Morgen geschehen ist, will ich nicht mehr ganz vorne stehen. Ich kann es nicht ertragen, wenn ich zusehen muss, wie unsere Männer von solchen wahnsinnigen Barbaren verprügelt werden. Jetzt stehe ich lieber hinten. Dann sehe ich wenigstens nichts. Und von diesem Geschrei wird man völlig verrückt. Gestern Abend wurden die Wasserhähne zugemacht, bis heute Morgen um sechs. Wir mussten alle zum Appell, ohne uns gewaschen zu haben. Es stank entsetzlich in den Baracken. In den WCs konnte man nicht spülen. Und dann reden sie von «*sauber*» und Hygiene. Ist das nicht lächerlich?

Vor ein paar Abenden wurden wir gefragt, ob wir nicht alle ein wenig Geld geben wollten. Dann würde man am Wegrand kleine Blumenbeete anlegen. Uns allen war es völlig egal, ob dort Blumen stehen oder nicht. Ich gab keinen einzigen Cent und sagte das auch ganz offen. Die Blumenbeete gibt es jetzt tatsächlich, aber das interessiert uns nicht, obwohl ich insgeheim zugeben muss, dass ich sie doch schön finde. Heute Morgen habe ich einen Brief aus Moerdijk bekommen. Zum Glück geht es den Männern gut, und die, die arbeiten, bekommen jetzt auch etwas mehr zu essen. Das war eine große Beruhigung für mich. Tag und Nacht denke ich an unsere Moerdijker, aber wann werden wir sie wiedersehen? Das weiß ich nicht. Hin und wieder kommen zwischen zehn und zwölf Männer zurück, und dann müssen andere für sie nach Moerdijk. Es ist wieder etwas Schreckliches passiert. Eine Dame, die bei mir in der Baracke liegt, ist vor einigen Wochen mit ihrer Familie aus Amsterdam gekommen. Gesund und munter kamen sie hier an. Ihr Mann war für Moerdijk ausgewählt worden. Am Morgen des Abschiednehmens weinte dieser Mann so entsetzlich, dass man es einfach nicht mitansehen konnte. Es ist schon schlimm genug, einen Mann weinen zu sehen. Nach ein paar Tagen kam er aus Moerdijk zurück. Schlimm krank. Wahrscheinlich hatte er einen Schlaganfall erlitten, und nun liegt er im Krankensaal und stirbt. In dem Augenblick, in dem ich das hier niederschreibe, ist er vielleicht schon gestorben. Das ist wieder so ein rätselhafter Fall. Und von denen gibt es noch mehr. Kinder sterben wie die Fliegen. Frisch und gesund kommen sie hier an, und nach ein paar Tagen geht es ihnen immer schlechter. Immer wieder gibt es Quarantäne. In den Babybaracken ist es einfach nur schrecklich. Die Kleinen leiden unter heftigem Durchfall, und man kann nichts dagegen machen. Viele bekommen eine Lungenentzündung, und die Eltern wissen vor Kummer weder ein noch aus. Was soll man dagegen tun? Was kann man dagegen tun? Nichts und wieder nichts. Wir mussten einfach ruhig und fügsam abwarten. Am Tag, bevor mein Mann nach Moerdijk musste, erzählte er mir, dass es in seiner Baracke zwölf Männer gab, die Kinder verloren hatten, die jünger waren als zwei Jahre. Der eine Fall ist schrecklicher als der andere. Manche Eltern begreifen das Leid nicht einmal. Das kommt wahrscheinlich später. Hier geschieht so viel, was Aufmerksamkeit erfordert, und die Menschen wollen hier nicht nachdenken. Einfach weiterleben. Weiter, und nicht zurückschauen. Was geschehen ist, ist vorbei. Das Leben geht weiter.

Donnerstag 3. Juni

Hier ist es wirklich wie in einem Irrenhaus. Ich bezeichne das Konzentrationslager öfters als: die ruhige Abteilung von Apeldoorn.* Und ich glaube, darin steckt viel Wahrheit. Gestern Abend gegen 18 Uhr passierte wieder etwas Wahnsinniges. Den ganzen Tag lang hatte ich im Bett gelegen. Weil es mir nicht so gut ging. Heftige Speiseröhrenkrämpfe, und dadurch fühlte ich mich wieder sehr niedergeschlagen. Am Morgen wurde ich abkommandiert und brauchte nicht Appell zu stehen. Am Abend musste ich das aber wieder, und ich hatte mir vorgenommen, sofort danach wieder ins Bett zu gehen. Wenn ich mich nicht gut fühlte, lag ich noch am liebsten auf dem Bett. Da war es einigermaßen ruhig, und ich hatte zumindest die Gelegenheit, ein bisschen zu schreiben. Im Esssaal gab es immer so viele Leute, die mich ständig fragten, was ich denn alles zu schreiben hätte, und weil ich keine Lust auf diese Gespräche hatte, ging ich ins Bett. So auch gestern Abend. Direkt nach dem Appell lag ich im Bett, und ich war gerade in der Stimmung, jeden Moment in Tränen auszubrechen, und ich dachte an das elende Leben, das wir hier führten. Ich fragte mich, ob das überhaupt jemals enden würde. Traurig, wie ich war, versuchte ich mich zu trösten, indem ich meinem Mann einen Brief schrieb.

---

* Gemeint ist die jüdische psychiatrische Einrichtung «Apeldoornsche Bosch». Siehe auch im Glossar unter «Apeldoorn».

Das schien mir unter den gegebenen Umständen die beste Methode, um mein Heimweh zu vertreiben. Ich hatte etwa zehn Minuten lang geschrieben, als die Barackenleiterin kam und uns mitteilte, wir müssten unverzüglich umziehen. Das war an sich schon eine Katastrophe. Abends plötzlich alles zusammenpacken, und das, wo ich mich in den letzten Tagen entsetzlich schlapp gefühlt hatte. Ich glaube wirklich, dass ich in diesem Moment kaum begriff, was los war. Viele lagen schon im Bett, denn die meisten hatten sich angewöhnt, früh schlafenzugehen. Wir begannen alle zu meckern und zu protestieren, warum das ausgerechnet am Abend geschehen musste, aber uns blieb nichts anderes übrig, als uns an die Arbeit zu machen.

Zweites Heft

Ich hatte keine Lust, mich wieder ganz anzuziehen, und zog meine langen Hosen an, plus Schaftstiefel, denn draußen war es ziemlich ungemütlich und schlammig. Wie sehr widerstrebte es mir, meine Sachen zusammenzupacken. Meine Baracke sollte zweigeteilt werden, und es gab ein Geschrei und Gekreisch, weil wir in verschiedene Baracken umziehen sollten. Vor mir lag eine Bekannte, die an diesem Tag aus dem Krankenhaus entlassen worden war. Sie war noch sehr schwach. Wir waren die beiden, die sich von allen am wenigsten beeilten. Und tatsächlich auch die Letzten, die umzogen. Das gab ein großes Gerenne. Die Decken aufrollen und alles Gepäck und was wir sonst noch in unserem Besitz hatten. Alles schien uns schwer wie Blei, und wir fanden die ganze Sache schrecklich. Wir fragten, warum wir umziehen mussten, aber niemand konnte uns eine Antwort geben. Es musste nun einmal sein. Befehl war Befehl, und dem hatten wir zu gehorchen. In aller Ruhe suchte ich meine Siebensachen zusammen und dachte gar nicht daran, mich zu beeilen. Innerlich schimpfte ich und verwünschte die ganze Drecksbande, die uns das wieder antat, denn das Ganze war wieder reine Quälerei. Der Umzug hätte genausogut am folgenden Tag stattfinden können. In aller Ruhe machte ich mich umzugsfertig und ging auf die Suche nach der Baracke, in der ich untergebracht werden sollte. Aber dort herrschte ein solches Chaos, dass ich keine Möglichkeit sah, irgendwie an ein Bett zu kommen. Vor meinen Augen drehte sich alles, und ich hatte Mühe, die Dinge deutlich wahrzunehmen. Mir wurde schwindlig, und ich machte, dass ich schnell wieder nach draußen kam, denn dort drinnen herrschte eine Atmosphäre zum Ersticken. Dann auf die Suche nach einer anderen Baracke. Endlich glaubte ich dort einen geeigneten Platz gefunden zu haben, als meine Nachbarin und ich erfuhren, dass diese Betten bereits besetzt waren. Da standen wir nun. Ein Geschrei und Spektakel. Ein Umzug, von dem das ganze Lager betroffen war. Fast alle Baracken mussten sich neu einteilen und untereinander Bewohner tauschen. Wir stießen ständig mit anderen zusammen. Schubkarren und Handwagen zogen an uns vorbei, und wir wurden in alle Richtungen geschubst. Uns brach vor Verzweiflung der Schweiß aus. Noch immer hatten wir kein Bett, und inzwischen wurde es schon dunkel. Wir fragten unsere Barackenleiterin, die wegen der Annektierung plötzlich keine Barackenleiterin mehr war, ob wir für die eine Nacht in der alten Baracke bleiben könnten. Wir waren nicht mehr in der Lage umzuziehen. Aber die Leiterin, die dafür keine Verantwortung zu übernehmen wagte, erlaubte es uns nicht. Wir gingen also wieder auf die Suche nach der uns zugewiesenen Baracke, und endlich, mit sehr viel Mühe, gelang es uns, zwei Betten nebeneinander zu bekommen. Nicht im dritten Stock, sondern im ersten. Jedenfalls waren wir froh, dass uns in diesem Augenblick geholfen wurde. Alle waren schon fertig, und wir mussten erst anfangen. Mit der letzten Energie, die wir noch hatten, nahmen wir eine Schubkarre und konnten umziehen. Was ich da in Gedanken an Verwünschungen über den Köpfen von denen ausgeschüttet habe, die uns das angetan haben, darf man in einer zivilisierten Gesellschaft niemandem zu lesen geben. Meine Freundin und ich sahen uns an und hätten nur noch weinen können. Ich erschrak beim Anblick ihres Gesichts, und ihr erging es mit mir ganz offensichtlich ebenso. Wir schwankten und stießen zusammen, so schwach und müde waren wir. Auf dem Weg von der einen Baracke in die andere begegneten wir einer Frau, die sich das Handgelenk gebrochen hatte. Solche Dinge waren an sich nichts Besonderes. Warum sollte es nicht auch ein paar Unfälle geben, wenn jeden Tag so viele starben? Weinend vor Schmerzen ging die Frau zur Ambulanz. Später begegneten wir ihr wieder; man hatte ihr den Arm geschient. Es war eine Dreingabe zum Umzug. In der Aufregung war sie vom Bett gefallen. Endlich, um halb elf, konnte unser Umzug seinen Anfang nehmen, und als ich mein Bett machen wollte, stellte ich fest, dass meine Decke futsch war. Wieder Suchen, und das alles im Stockdunkeln, denn im Schlafsaal brannte nur ein sehr schwaches Licht. Nach langem Suchen fand ich sie an einer ganz anderen Stelle als dort, wo ich sie abgelegt hatte. Ein Glück. Wir konnten ins Bett. Als wir endlich darin lagen, bekamen wir einen so heftigen Lachanfall, dass wir schon selber dachten, wir wären endgültig verrückt geworden. Ich fragte mich, wie wir unter solchen Umständen überhaupt noch lachen konnten. Das Ganze war wieder eine Szene gewesen, die einer Völkerwanderung glich. Wir hofften, jetzt ein bisschen Ruhe zu haben, und die kam wirklich schneller, als wir gedacht hatten, und zwar folgendermaßen. Am nächsten Morgen wurde bekannt gegeben, dass Quarantäne herrschte. Das hatten wir noch nie erlebt. Einige Tage vorher hatte es nämlich einen Scharlachfall gegeben. Wegen der Ansteckungsgefahr durften wir elf Tage lang die Baracke nicht verlassen. Das bedeutete elf Tage ohne Appell. Um acht Uhr aufstehen. Halb neun war auch in Ordnung. Ganz herrlich ausschlafen. Einfach nicht zu glauben. Und so schlimm wir die Quarantäne auch zuerst fanden, jetzt waren wir nur allzubald damit versöhnt. Wir lachten und machten Späße miteinander. Durften Karten spielen, wenn wir wollten. Kurzum, wir sagten zueinander, dass das Leben wieder gut zu ertragen war. Ich hatte das Gefühl, als wäre ich auf Segelfahrt und müsste wegen des schlechten Wetters in einer Jugendherberge übernachten. Vor jeder Baracke hatte man ein hübsches Blumenbeet angelegt. Jeden Abend gab es Männerbesuch. Nicht bei uns, wegen der Quarantäne, aber es gab genug, die heimlich ausbrachen, um ihre Männer zu besuchen. Alles schien wieder so schön, aber so sollte es nicht bleiben. Wir wussten nichts, ahnten jedoch alle, dass bestimmt etwas geschehen würde.

6. Juni

Gestern Nacht wurden wir plötzlich durch eine große Gemeinheit aus dem Schlaf gerissen. Es wurden uns nämlich alle Schmuckstücke abgenommen. Mehr als zehn Gulden dürfen wir nicht mehr besitzen. Wintermäntel mussten wir abgeben. Nun gibt es unter uns viele, die keinen anderen Mantel besaßen als ihre Wintersachen, und weil es morgens um fünf Uhr beim Appell sehr kalt sein kann, haben wir die Wintermäntel bei uns behalten. Außerdem wurden sie als Decken benutzt, wenn man nicht genug Decken bei sich hatte. Gestern Nacht wurde etwa um ein Uhr ein Raubzug (anders kann ich das nicht nennen) abgehalten. Wie eine Horde Geier kamen die Leiterinnen in die Schlafsäle gestürmt, sprangen oben auf die Betten und griffen sich an Mänteln, was sie nur greifen konnten. Weil wir tief und fest schliefen, begriffen wir erst nicht, was da vor sich ging, aber es wurde uns nur allzu bald klar. Sie schlugen Decken zurück, um nachschauen zu können, ob wir etwas darunter versteckt hatten. Holzfällerjacken und Mäntel wurden von den Betten gezerrt. Und das alles wieder auf eine so gemeine Weise. Es hieß, auf den Betten dürften keine Kleider liegen. Bis wir nackt und bloß sind, machen sie weiter. Alles nehmen sie uns weg. Eine Bekannte hatte in ihrer Jacke, die sie als Kopfkissen benutzte, ein paar Schmuckstücke aufbewahrt. Das Futter wurde losgerissen, und sie nahmen alles mit. Keine der Barackenleiterinnen hatte davon gewusst. Alles war sehr schnell vor sich gegangen. Ich konnte kaum verstehen, was da überhaupt vor sich ging. Ich dachte, im Männerlager würde jemand vermisst, und sie suchten ihn im Frauenlager. Diesen Gedanken fand ich ganz logisch, denn an einen Raubzug mitten in der Nacht dachte niemand. Wie sollte sich denn auch jemand so etwas einfallen lassen. Aber langsam gewöhnt man sich an solche Dinge.

Am Freitagabend bekamen wir statt trockenem Kommissbrot warmes Essen, Butter, Marmelade und Salat, plus das Kommissbrot. Darüber hinaus noch Männerbesuch. Das war verdächtig. Nie etwas anderes als trockenes Kommissbrot, und dann plötzlich so viele leckere Sachen. Das musste etwas zu bedeuten haben. Wir waren es nicht gewohnt, dass man uns verwöhnte, und nahmen alles ein wenig beunruhigt entgegen. So viel Männerbesuch waren wir auch nicht gewohnt. Es musste etwas dahinterstecken. Wir hatten überhaupt keinen Grund, anzunehmen, dass sie es plötzlich so gut mit uns meinten, und bald sollten wir erfahren, was uns bevorstand. Im Moment herrscht eine Stimmung, wie es sie hier noch nie gegeben hat. Das Schlimmste von allem bisher Geschehenen wurde uns mitgeteilt. Alles, was wir bis heute erlebt haben, war schlimm, aber das, was jetzt vor sich geht, überschreitet alle Grenzen. Gestern Abend wurde uns mitgeteilt, dass das Kinderlager aufgelöst wird. Alle Kinder, die noch keine sechzehn sind, müssen das Lager verlassen. Das an sich ist noch nicht das Allerschlimmste – das Allerschlimmste ist, dass die Familien auseinandergerissen werden. Uns wurde eine Proklamation bekannt gegeben, die uns zittern und beben ließ. Wir wollten unseren Augen und Ohren nicht trauen. Und doch mussten wir erkennen, dass das die Wirklichkeit war. Nichts von dem, was geschah, drang mehr zu uns durch. Es war auch wirklich nicht mehr zu fassen. Wo auf der Welt war jemals etwas Derartiges geschehen? Wir drängten uns zusammen, wo die Proklamation aufgehängt worden war, und sie wurde noch einmal in allen Baracken vorgelesen, damit ihre Bedeutung auch gut zu uns durchdrang. Wir hatten zwar schon einige Gerüchte in dieser Richtung gehört, aber in ihrer Gesamtheit wussten wir noch nichts von der Sache. Wir wussten zwar, dass ein Transport nach Westerbork gehen sollte, was übrigens alle vierzehn Tage passierte, aber wie der Transport eingeteilt werden sollte, das wussten wir noch nicht. Wir sahen uns die Proklamation aufmerksam an, lasen sie immer wieder. Mütter mussten mit ihren Kindern, die jünger als vier Jahre waren, das Lager verlassen. Väter durften nicht mit. Kinder unter sechzehn mussten das Lager auch verlassen. Ihre Mütter durften sie begleiten, aber nötig war das nicht. Was hatte das alles zu bedeuten? Wurden wieder ganze Familien auseinandergerissen? Wie war das nur möglich? Würde unser Elend denn nie ein Ende finden? So etwas war bisher noch nicht passiert. Männer mussten ihre Frauen mit den kranken kleinen Kindern gehen lassen. Wir waren vor Kummer kopflos. Fast jeder hatte Kinder im Lager, also würde es hier wieder leer werden. Hinzu kam noch, dass die Männer, die in Moerdijk arbeiteten, sich nicht von ihren Frauen und Kindern verabschieden durften. Es brach eine Panik aus, die man wirklich nicht mehr vollständig wiedergeben kann. Ich lief aus der Baracke, um eine gute Freundin von mir aufzusuchen. Sie befand sich mit zwei kleinen Kindern im Kinderlager. Ich hatte Angst davor, diese Frau zu sehen, denn auch ihr Mann arbeitete in Moerdijk. Trotzdem wagte ich es, weil ich mit ihr sprechen wollte. Auf dem Weg ins Kinderlager sah ich, wie sich furchtbare Szenen abspielten. Frauen schrien vor Angst und Entsetzen. Sie schrien wie Besessene und wussten nicht mehr, was sie sagten. Das Kinderlager war zu einer Hölle geworden. Ein entsetzlicher

Gestank schlug mir entgegen, und ich musste mich sehr zusammennehmen, um mich nicht zu übergeben. Kleine Kinder krochen durch den Sand und weinten, dass man Mitleid mit ihnen haben musste. Was für ein Elend. Im Schlafsaal schliefen ein paar Babys seelenruhig, als ginge sie alles, was um sie herum geschah, nichts an. Es waren noch schöne, frische Kinder. Wahrscheinlich erst seit Kurzem im Lager. Eines von ihnen wachte auf und schaute mit großen Frageaugen in die Welt. Die Mutter war nicht bei ihm, denn alle Mütter waren völlig außer sich. Väter stürmten auf das Kinderlager ein, weil sie bei ihren Frauen und Kindern sein wollten. Männer warfen sich über den Tisch und schluchzten hemmungslos. Schluchzten wie kleine Kinder, weil sie gegenüber dem, was ihnen angetan wurde, so völlig machtlos waren. Es gab keinen Trost. Für jeden war das Leid gleich schlimm. Überall, wo ich hinkam, sah ich nichts als weinende Männer und Frauen. Vught war, was das Lager betrifft, ein eigenes Dorf geworden, und natürlich kannten sich die meisten. Schon vorher war man beinahe täglich miteinander umgegangen. Und wir waren schon länger zusammen. Mit der Zeit waren wir wie eine große Familie geworden, vor allem innerhalb der Baracken. Was die Stimmung der Menschen untereinander betrifft, hatten wir wirklich keinen Grund zur Klage. Erst, als man unsere Baracke umverteilte, begriffen wir, was wir aneinander hatten und wie sehr wir aneinander hingen. Schließlich sahen wir alle demselben Schicksal entgegen, und daran dachte ich, als ich all die verzweifelten Menschen sah. Sehr viele von ihnen kannte ich, und mit vielen sprach ich oft. An diesem Abend konnte ich aber mit niemandem sprechen. Jedes Wort wäre fehl am Platz gewesen und zugleich auch überflüssig. Und dann bei so etwas. Ich wusste doch auch noch nicht, was mich selbst erwartete. Wir waren immer noch davon ausgegangen, dass die Frauen (egal, ob sie nun Kinder hatten oder nicht), deren Männer in Moerdijk arbeiteten, vorläufig nicht nach Polen geschickt werden. Nun, da man dieses Versprechen aber gebrochen hatte, wussten wir, dass irgendwann alle aus dem Lager weitergeschickt werden. Ein Vater wollte seinem Kind die Kehle zudrücken, weil er es nicht hergeben wollte. Lieber wollte er es selbst umbringen, als es in unbekannte Hände zu geben. Zum Glück wurde sein Vorhaben vereitelt. Von einer Frau hörte ich, sie wolle sich die Pulsadern aufschneiden. Eine Geschichte war grauenhafter als die andere. Die Bekannte, zu der ich wollte, war nicht im Kinderlager. Darum ging ich schnell wieder weg. Draußen konnte ich etwas freier atmen, was nach dieser Atmosphäre wirklich nötig war. Mir begegnete eine Kollegin, mit der ich früher zusammengearbeitet hatte. Sie hatte ein fieberndes Kind auf dem Arm. Ihr Mann, der in Moerdijk war, war schwer krank, und sie wusste nichts davon. Kurz hofften wir noch, die Männer, die dort waren, dürften zurückkommen, um sich von ihren Frauen und Kindern zu verabschieden, aber schon bald war uns klar, dass man uns wieder hereingelegt hatte. Wir kamen zu dem Schluss, dass eine schlimme Panikstimmung entstanden wäre, wenn die Männer wirklich hätten kommen dürfen. Auf dem Weg in meine eigene Baracke begegnete ich einigen Kollegen, mit denen ich früher zusammengearbeitet hatte. Ich stellte mich eine Weile zu ihnen, und wir sprachen über alles Mögliche. Wir verglichen die Situation von früher und von heute und fanden, dass es uns sehr schlecht ging. Mit rasenden Kopfschmerzen kam ich zurück in die Baracke, wo es genauso schrecklich war wie draußen. Männer und Frauen saßen da, die Arme umeinandergeschlungen, und hielten einander fest, als wollten sie einander nie wieder loslassen. Was für ein verzweifelter Zustand. Alles war gleich dunkel und trostlos. Wie sollte das alles nur enden. Der Transport sollte am folgenden Abend abfahren. Um sieben Uhr mussten alle das Lager verlassen haben. An den Aufbruch wollte ich gar nicht denken. Meine Freundin, nach der ich im Kinderlager gesucht hatte, kam zu mir. Mit ihrer Tapferkeit beeindruckte sie mich sehr. Sie drückte mir einen Zettel in die Hand, und als ich den las, konnte ich mich nicht mehr beherrschen. Meine jüngste Schwester, die als Einzige von meiner ganzen Familie übrig geblieben war, schrieb Folgendes. «Liebe Freundin. Das ist das Letzte, was du von mir hörst. Ich stehe kurz vor dem Aufbruch. Die Wagen fahren durch die Straßen, und es wird gerufen, dass alle Juden sich melden müssen. Ich nehme Abschied von dir. Grüße alle von mir. Auch meine Schwester und ihren Mann.» Alles flimmerte mir vor den Augen, und ich konnte mich nicht mehr beherrschen. Viel habe ich ertragen können, aber der Gedanke, dass meine Schwester allein wegmusste und alles durchmachen musste (und vielleicht sogar noch mehr, als ich hatte erleben müssen), wurde mir plötzlich zu viel. Es war auch ziemlich unerwartet gekommen. Ich schluchzte laut, aber schon bald beherrschte ich mich und nahm mich wieder zusammen. Welchen Unterschied machte es denn, wenn ich weinte? Es gab doch schon genug Kummer. Aber ich hätte ihr das so gerne erspart. Sie hatte schon so viel Schlimmes erlebt. Als wir an diesem Abend ins Bett gingen, war es halb zwölf.

8. Juni

In den letzten beiden Tagen ist wieder sehr viel passiert. Man kann es beinahe nicht mehr mit dem Verstand aufnehmen. Es gibt so viel Leid, dass die Menschen nicht mehr weinen können. Am Sonntagmorgen von acht bis zwölf Uhr war das Lager freigegeben, und es gab Besuch von allen Männern, die noch im Lager anwesend waren. Sie halfen ihren Frauen beim Packen und wussten nicht, dass sie um zwölf Uhr Abschied nehmen mussten. Die meisten glaubten, das Lager sei den ganzen Tag freigegeben, und es gab genug, die sich nicht verabschiedeten. Am Nachmittag wollten wieder alle zusammenkommen, aber hatten wir etwa gedacht, dass wir uns einfach so wieder im ganzen Lager bewegen könnten? Jede einzelne Baracke war abgesperrt, und niemand durfte sie verlassen oder betreten. Damit hatten wir überhaupt nicht gerechnet. Viele Männer hatten nicht einmal Abschied nehmen können. Im Esssaal herrschte ein Chaos aus Decken und anderem Gepäck. Auf den Tischen standen drei Körbe, in denen sich Babys befanden. Ganz winzige Dinger. Was waren sie süß, die Kleinen. Nur gut, dass sie keine Ahnung davon hatten, was um sie herum vor sich ging. Mit den Müttern hatte ich tiefes Mitgefühl. Eine Frau musste fort, die vor etwa zehn Tagen ein Kind bekommen hatte. Ihr Mann war schon lange in Polen. Dann musste die Frau weg, deren Mann vor einigen Tagen gestorben war. Ist es übertrieben, wenn ich behaupte, dass alles, was ich aufschreibe, in keiner Weise die Wirklichkeit wiedergibt? Nur die, die dieses Leid persönlich erfahren haben, werden es begreifen. Und die, die es nicht mitgemacht haben und das hier einmal lesen werden, sie müssen es begreifen. Sie müssen wissen, welches Leid man uns zugefügt hat. Leid, das nie mehr ungeschehen zu machen ist. Leid, das dem Judentum seinen Stempel aufgedrückt hat. Leid, das ohne Notwendigkeit verursacht wurde. Leid, dem wir alle ohnmächtig gegenüberstanden. Leid, das uns mutwillig angetan wurde. Am Zaun, der das Männer- und das Frauenlager voneinander trennt, stand die SS mit einem großen Polizeihund. Daneben standen die beiden Leiterinnen. Wer hätte es gewagt, da hindurchzudringen? Die ersten Aufbrechenden machten sich bereit. Wir durften mit bis zum Zaun, um beim Tragen des Gepäcks zu helfen. Ich entdeckte Bekannte, von denen ich überhaupt nicht gewusst hatte, dass sie auch weggingen, aber mich wunderte nichts mehr. Ich hatte genug gelernt. Am Zaun gab es wieder Szenen zwischen Familien, die Abschied voneinander nahmen. Draußen standen die, die uns das antaten, und lachten herzlich darüber. Lachten über das große, tiefe Leid, das man mit Worten nicht mehr ausdrücken konnte. Ich ging weg vom Zaun, zurück in die Baracke. Der Transport war so groß, dass er zweigeteilt wurde. Am Montag sollten die Frauen abfahren, deren Männer in Moerdijk arbeiteten. Der gesamte Transport umfasste etwa dreitausendzweihundert Personen. Wirklich kein kleiner Transport. Freiwillig durfte niemand mit. Wie man manchmal einfach so ein Stück Papier zerreißt, so wurden Herzen und Seelen zerfetzt und auseinandergerissen. Alles ging in Stücke. Alles wurde zertreten. Jedes Herz, egal ob klein oder groß, zertreten, beschmutzt und für immer zerstört. Das war Zivilisation. Das war Kultur. Das war das neue Europa. Wann wird für uns die Erlösung kommen? Wo bleibt unsere Rettung? Müssen wir erst alle untergehen? Das Leid, das die Menschen nun erfahren, ist doch schon nicht wiedergutzumachen? Es hat doch schon viel zu viele Opfer gegeben. Und täglich wurde das Leid größer und schlimmer gemacht. Etwa um vier Uhr am Sonntagnachmittag begann dann der zweite Transport. Ich ging wieder kurz ins Kinderlager, um mich von meiner Freundin zu verabschieden. Sie fuhr beim zweiten Transport mit. Sie hielt sich beim Abschiednehmen wirklich tapfer, konnte jedoch kaum sprechen. Die nervliche Anspannung hatte ihr die Kehle zugedrückt. Im Esssaal herrschte ein Chaos, wie ich es bisher nur selten erlebt habe. Stapelweise Kindersachen auf den Tischen. Weinende Kinder, die vor Angst weder ein noch aus wussten. Ein etwa vier Jahre altes Mädchen schaute mich aus großen, ängstlichen Augen an. Seine Mutter sah ich nirgends. Das Mädchen stand allein in eine Ecke gedrückt. Ich gab ihm ein Stück Brot, das es mir aus den Händen riss, und es dankte mir mit einem Lächeln. Die armen Kinder, was tat man ihnen an. War es denn ein Wunder, dass die Kinder nicht am Leben bleiben konnten? Sehr viele Mütter gingen von hier mit der Erinnerung an ein gesundes Baby weg, mit dem sie angekommen waren und das sie hatten sterben sehen. Der zweite Transport begann im strömenden Regen. Abschied nehmen. Gebrochene Seelen. Die Männer in Moerdijk. Es war wirklich nicht wenig, was uns angetan wurde, aber noch war der Tag nicht vorbei.

Am Nachmittag um Viertel vor vier gab es für diejenigen, die noch hierblieben, einen Appell. Diejenigen, die sich in Quarantäne befanden, brauchten nicht anzutreten. Bis halb acht dauerte der Appell. Auf dem Exerzierplatz wurde eine Razzia abgehalten. Der Transport war nicht groß genug. Plötzlich durften diejenigen, die sich freiwillig melden wollten, mit auf Transport. Ich war fest davon überzeugt, dass diese Menschen ihre Angehörigen, von denen sie sich am Vortag verabschiedet hatten, schon nicht mehr finden würden. Als aber nicht genug Freiwillige zusammenkamen, nahmen sie, wen sie kriegen konnten. Ganze Massen junger Mädchen mussten mit. Innerhalb von zehn Minuten mussten sie sich reisefertig machen. Jeden Moment wurden wieder neue Aufrufe in die Baracken gebracht. Überall um uns herum suchten die Leute schon mal ihr Gepäck zusammen. Wir trauten uns nicht ins Bett. Wenn wieder Aufrufe kamen, konnte schließlich jede von uns dabei sein! Wir warteten und warteten. Um elf Uhr sollte der Transport abfahren. Alle standen am Tor, und immer mehr Menschen kamen dazu. Der Kommandant ging höchstpersönlich in die Baracken und drohte, wenn sich jemand verstecke, müsse er unwiderruflich als Straffall mit auf Transport. Als wäre ein normaler Transport keine Strafe. Und außerdem, wer hätte es denn gewagt, sich der Situation zu entziehen? Endlich kamen keine neuen Aufrufe mehr, und wir konnten ins Bett. Wir hatten es wieder doppelt und dreifach abgekriegt, und übermüdet legten wir uns hin. Wir sprachen noch lange über das Leid, das uns angetan worden war. Jeder Tag ist noch immer ein Tag der

Anspannung. Jedes Gerücht, das wir hören, zweifeln wir an. Am Abend des zweiten Transports habe ich meinem Mann einen Abschiedsbrief geschrieben. Den habe ich aber noch nicht verschickt. Wenn es so weit kommt, dass ich von hier wegmuss, werde ich ihn abschicken, und dann wird er erfahren, was für Stunden wir hier durchgemacht haben. Stunden bitteren Elends. Stunden, die nie und nimmer vergessen werden sollen. Wie könnte man auch so etwas vergessen. Hier unten folgt der Inhalt des Briefes, den ich ihm geschrieben habe.

Vught, 7. Juni, 8 Uhr abends

Mein allerliebster Mann,

im Augenblick sieht es so aus, dass wir alle darauf warten, einen Aufruf nach Polen oder irgendwo anders hin ganz weit weg zu bekommen. Die meisten sind schon weg, und wenn du diesen Brief bekommst, bin ich auch schon unterwegs. Du darfst dich über all das nicht wundern. Was hier in den letzten paar Tagen vor sich gegangen ist, lässt sich nicht mit dem Stift festhalten. Es soll genügen, wenn ich dir sage, dass es barbarisch war. Liebster, dieser Brief ist tatsächlich ein Abschiedsbrief. Wenn du siehst, wie es uns im Moment ergeht. Weil wir uns in Quarantäne befinden, brauchten wir nicht zum Appell, aber alle Männer und Frauen haben von Viertel vor vier bis acht Uhr Appell gestanden. Genau wie ihr an dem Abend, als ihr für Moerdijk ausgewählt wurdet, wurden sie aus den Reihen geholt. Du weißt nur zu gut, was ich meine. Die meisten Frauen mit Kindern sind schon weg. Am Sonntagnachmittag ist der erste Transport abgefahren. Heute (Montag) hat man die Mütter mit Kindern, deren Männer in Moerdijk sind, weggeschickt. Es war einfach entsetzlich. Wir werden einander nicht mehr wiedersehen, solange noch Krieg ist. Liebster, auch wenn das hier ein Abschied wird, wird es kein Abschied für ewig sein. Jetzt schreibe ich: «Ich komme zu dir zurück.» Wie lange das dauern wird, weiß natürlich niemand. Aber dass wir uns wiedersehen, ist sicher. Das alles habe ich vorausgeahnt, als ich dir damals diesen sehr langen Brief schrieb, in dem ich dir alles offenbart habe, was in meinem Herzen ist. Damals hatte ich immer das hier vor Augen. Ich wusste, dass wir einmal Abschied voneinander nehmen müssen. Darum bin ich wahrscheinlich auch so sentimental gewesen und habe dir gesagt, was in mir vor sich ging. Aber ich bin vor allem deswegen froh, weil ich dich an dem Morgen, bevor du nach Moerdijk aufbrechen musstest, noch einmal sprechen konnte. Das hat viel von dem Leid, das hier ausgestanden wird, wiedergutgemacht. Das kann ich dir auf jeden Fall mit Sicherheit sagen. Sei also, was das betrifft, vollkommen beruhigt. Aber wenn ich weg bin und du diesen Brief bekommst, hoffe ich, dass du dich tapfer halten wirst, genau wie ich. Denk daran, dass das Leben es immer noch wert ist, gelebt zu werden. Halte dir das vor Augen und denk an mich. Denk an deine kleine Frau, die es so gern anders gewollt hätte, aber leider keine Macht darüber hat, was passiert. Während die Transporte aufbrachen, habe ich keine einzige Träne vergossen. Alles ließ mich kalt. Ich bin allem gegenüber, was um mich herum geschieht, ganz gefühllos. Ich glaube, ich bin völlig abgestumpft, aber es ist auch sehr gut möglich, dass ich so bin, damit ich all meine Energie und Willenskraft bis zu dem Augenblick schonen kann, in dem ich selbst aufbrechen muss. Ans und Netty sitzen neben mir. Auch sie schreiben an ihre Männer. Wir sind alle sehr tapfer und warten ganz gefasst unser Schicksal ab. Es ist hier im

Moment wie in Westerbork. Die Aufrufe gehen noch bis heute Abend um elf weiter. Du würdest mich nicht wiedererkennen. So ruhig und gefasst bin ich. Vielleicht ist es der Gedanke an dich, der mich stark macht. Ich bin froh, dass ich nun so bin. Es gibt mir Mut und Willenskraft. Liebster, wohin ich auch gehe, wo ich auch bin, meine Gedanken sind und bleiben bei dir. Bei meinem Mann, mit dem ich immer Liebe und Leid geteilt habe. Du darfst aber kein Mitleid mit mir haben. Das könnte ich nicht ertragen. Du weißt, wie wir damals unser Haus verlassen haben, ins Unbekannte. So werde ich auch Vught verlassen. Erhobenen Hauptes. Im Moment sind sie dabei, ein paar Mädchen aufzurufen. Es ist gut möglich, dass sie danach mit den verheirateten Frauen anfangen. Liebster, tu nichts Unüberlegtes. Denke weiter sachlich und logisch, wie du das immer getan hast. Ich werde dich in Gedanken stützen, und dann weiß ich, dass du dich auch tapfer halten wirst. Unser Schicksal ist besiegelt, denn die Aufrufe strömen nur so herein. Womöglich müssen wir noch heute Abend auf Transport, sonst morgen. Wohin, das weiß niemand. Illusionen, ich würde hierbleiben können, habe ich keine. Man wird das ganze Lager leer machen. Das Kinderlager ist bis auf wenige Ausnahmen schon leer. Denk daran. Halt dich tapfer. So tapfer wie ich. Du weißt nun einmal, dass du dem Schicksal nicht entgehen kannst. Das weißt du noch sehr gut von diesem einen Nachmittag, als ich allein zu Hause war und du unerwartet zurückkamst. Falls ich nach Westerbork kommen sollte, kann ich nur noch versuchen, ins Krankenhaus zu kommen und auf diese Weise einen Aufschub zu erreichen. Du weißt schon, wofür. Du wirst wahrscheinlich nicht freiwillig kommen dürfen, und ich erwarte das auch nicht von dir. Folge mir vor allem nicht freiwillig, denn selbst wenn wir einander in Westerbork wiedersehen sollten, was natürlich sehr schön wäre, würden wir doch nicht zusammenbleiben. Und vielleicht kommst du ja auch früher frei als ich. Solange du noch in Holland bist, hast du darauf bestimmt bessere Chancen. Also, mein lieber Mann, gebrauche deinen Verstand gut. Du bist nicht der Einzige, der leidet. Wir leiden alle. Die Frage ist nur, auf welche Weise man das Leid am besten ertragen kann. Meine Schwester Ans ist in Westerbork, also hat man sie inzwischen wahrscheinlich auch weitergeschickt. Es ist hier im Moment so, dass man völlig wahnsinnig werden könnte. Die eine schreit lauter als die andere, und wir werden immer weniger. Die Mütter mit Kindern stehen alle noch am Tor. Der Transport fährt heute Abend um elf Uhr ab. Du weißt jetzt, wie ich dazu stehe, aber du kennst mich inzwischen gut genug, um zu wissen, dass ich das wirklich wie eine tapfere Frau ertragen werde. Jetzt schreibe ich, was du mir immer schreibst. Ich werde zu dir zurückkommen. Das hier wird ein «Auf Wiedersehen». Natürlich weiß ich nicht, wann das sein wird, aber dass es dazu kommt, das ist sicher. Denke nur immer daran. Nochmals sage ich dir, wo immer ich auch hingehe, ich werde immer und immer an die Jahre denken, in denen wir so glücklich waren. Daran können wir uns dann immer erinnern, und wenn es Dinge gegeben haben mag, die wir beide gern anders gehabt hätten, so werden diese im Vergleich zu dem großen Leid, das wir nun alle durchmachen müssen, doch völlig unwichtig. Ich richte auch meine ganze Hoffnung auf dich, weil ich weiß, dass du in Gedanken bei mir bist. Mehr verlange ich im Moment auch nicht. Die Briefe, die du mir geschickt hast, nehme ich überallhin mit, und immer, wenn ich das Bedürfnis danach habe, werde ich sie wieder lesen. Daraus werde ich Kraft schöpfen, die ich in der Zukunft bestimmt nötig haben werde, und dann hoffe ich, dass für uns, wenn wir beide diese Hölle überleben, ein neues Leben anbrechen wird. Etwas, das wir beide so schrecklich gern möchten, denn ich weiß, dass das auch dein Wunsch ist. Wenn sich herausstellen sollte, dass ich diesen Brief nicht zu verschicken brauche, hebe ich ihn trotzdem auf, damit du weißt, wie ich an jenem Abend war, als alle in Angst und Anspannung dasaßen und ich ganz ruhig und gefasst mein Schicksal abgewartet habe. Inzwischen ist es schon halb zehn, und ich bin immer noch nicht an der Reihe. Verheiratete Frauen ohne Kinder hat man noch immer nicht aufgerufen. Also warte ich weiter ab. Das Gepäck aus dem Magazin wird uns nicht mitgegeben. Viel habe ich also sowieso nicht mehr. Nun, das ist nicht von großer Bedeutung. Ich habe nur ein einziges Ziel vor Augen. Und das ist: Ich komme zu dir zurück. Zu meinem Mann. Daran musst du denken. Ich weiß nicht, wann du diesen Brief erhalten wirst. Es ist sehr gut möglich, dass er dich nie erreicht. Auch dann komme ich zu dir zurück. Du weißt, was wir vereinbart haben. Entweder bei R. oder bei V. Das haben wir abgesprochen. Sollte beides nicht möglich sein, werden wir es dem Zufall überlassen. Liebster Mann. Ich habe dir alles geschrieben, was ich dir unbedingt sagen wollte. In diesem Moment kommt wieder ein Stapel Aufrufe herein. Ich habe entsetzliche Kopfschmerzen, und schon deshalb würde ich mir wünschen, dass ich heute Abend nicht losmuss. Es ist hier nun genauso wie abends in Amsterdam. Warten, bis man an der Reihe ist. Siehst du nun ein, dass wir, solange dieser Zustand anhält, niemals Ruhe finden werden? Es heißt, dass diejenigen, die für Philips registriert sind, die Chance auf einen zeitlich begrenzten Aufschub haben. Aber wie wichtig ist mir das? Andererseits zählt jeder Tag. Ihr dort in Moerdijk habt keine Ahnung, was sich hier in den letzten Tagen abgespielt hat. Ich hoffe, Liebling, dass du das irgendwann einmal aus meinen Aufzeichnungen erfahren wirst, denn du weißt, dass ich das nicht einfach so geschehen lasse. Gepackt habe ich noch nichts; wie du weißt, beeile ich mich damit nie. So auch jetzt nicht. Der Zug wird schon nicht ohne mich abfahren. Bisher habe ich noch keinen Aufruf erhalten, aber das kann morgen auch noch passieren. Jedenfalls nehme ich jetzt Abschied von dir. Bleib tapfer wie ich. Das ist das Einzige, was ich dir um unser beider willen dringend rate. Ich fordere es sogar von dir um unser beider willen. Liebling, es ist sehr schwer, Abschied von dir zu nehmen, aber es muss sein. Es lässt sich nicht ändern. Auf Wiedersehen, Mann. Kopf hoch, hörst du. Alles wird gut werden. Deine Frau, die dich so sehr liebt, wird dich verlassen. Aber nur für eine bestimmte Zeit, das weißt du. Das hier ist kein Abschied für ewig.

Folge mir niemals freiwillig. Deine Frau

Das schrieb ich meinem Mann mitten in der schreienden, kreischenden Menge. Ich weiß selbst nicht, wie ich mich noch so gut konzentrieren konnte. Was musste in den Moerdijkern vorgehen, wenn sie die Nachricht erreichte, dass man ihnen die Frauen und Kinder geraubt hatte? Von dort drang keine einzige Nachricht zu uns durch. Ein paar Tage später kam der Lagerleiter von Moerdijk nach Vught. Dann kamen aus dem einen oder anderen Grund immer ein paar Männer mit, die krank waren oder wegen anderer Dinge zurückmussten. Und einer dieser Männer, die hier Frau und Kinder hatten, kam hier an, wusste aber noch von nichts. Selbstverständlich führte ihn sein erster Weg ins Kinderlager, weil er seine Kinder begrüßen wollte. Sein Entsetzen war unbeschreiblich, als er dort ankam und statt seiner Kinder eine Ruine vorfand. Weinend, als wäre er selbst noch ein Kind, lief er durch das Lager. Niemand hatte den Mut, ihn anzusprechen, denn was hätte man dem armen Kerl denn sagen sollen? Wer hätte das Leid erfassen können, das dieser Mann in diesem Augenblick durchmachte? Man hatte ihm das Liebste geraubt, was er besaß. Frau, Kinder und Eltern waren ihm weggenommen worden. Arm und allein blieb er zurück, und mit ihm so viele. Wie würde man diese Nachricht in Moerdijk aufnehmen? Was das betrifft, wussten wir noch nichts.

Ein Schauer durchfuhr mich, wenn ich daran dachte. Endlich, nach ein paar Tagen, kamen die ersten Briefe. Sie enthielten ungefähr dasselbe; wir haben sie uns gegenseitig lesen lassen. Einen dieser Briefe schreibe ich hier unten ab, denn ich finde es der Mühe wert, es anderen mitzuteilen, die das Leid, das wir erleben, nicht begreifen können.

Moerdijk 9. Juni

Liebe kleine Frau,

es war eine gewaltige Erleichterung für mich, als dein Name genannt wurde und ich erfuhr, dass du noch in Vught bist. Deine Unterschrift. Ich habe in diesem Augenblick tatsächlich kurz geweint. Es gab hier eine große Erschütterung. Aber ich werde dir die ganze Geschichte von hier erzählen. Am Dienstag auf der Arbeit regnete es, und wir durften uns in einem großen alten Eisenbahnschuppen unterstellen. Hier wurde bekannt gegeben, alle Frauen, deren Männer in Moerdijk arbeiteten, seien gesperrt.* Ein Jubel erklang. Es regnete immer weiter, und der *Unterscharführer* verlangte nach ein wenig Ablenkung. Wir mussten ein Kabarett aufführen. Jeder trug etwas vor. Es war alles ganz lustig. Als wir ins Lager zurückkamen, war es wie ein harter Schlag ins Gesicht. Mehr als 3600 Frauen und Kinder. Was für ein Elend. Männer liefen herum und weinten wie Kinder. Kurz darauf bekam ich deinen Brief. Da war ich sehr froh. Das kannst du dir sicher vorstellen. Nur der Inhalt, den fand ich sehr pessimistisch. Ich hoffe sehr, dass ich nie einen Abschiedsbrief von dir empfangen muss. Das

---

* Wer «gesperrt» war, wurde nicht deportiert. Siehe «Sperre» im Glossar.

Schlimmste war, dass unsere Lagerleitung über alles Bescheid wusste. Es war nämlich etwas durchgesickert, aber sie stritten alles ab. Wenn du jemals wegmusst, musst du dafür sorgen, dass man dich in Westerbork im Krankenhaus aufnimmt. Ich finde es schrecklich, dass Ans* schon weitermusste. Nun bekommen wir auch keine Pakete mehr. Kannst du nicht etwas Essen für mich in eine Flasche tun? Probier es mit einem einzigen Topf. Ich werde dich dann wissen lassen, ob es sich gut gehalten hat, und dann kannst du mir mehr schicken. Es geht mir hier gut. Wir werden besser behandelt als in Vught, aber es gibt viel zu wenig zu essen. Wenn du ganz still bist, kannst du meinen Magen bis nach Vught knurren hören. Also noch mal. Probier es einmal mit Kohlsuppe, davon bleibt doch immer etwas übrig. Deinen Brief, in dem du schriebst, dass du alle meine Briefe bekommen hast, habe ich mit Freude gelesen. Es ist sehr schwierig, sie jemandem mitzugeben, aber ich tue es, wenn es irgend geht. Und wenn du einmal keine Post bekommst, sind es beim nächsten Mal zwei Briefe. Ich habe große Hoffnung, dass du in Vught bleiben kannst. Kannst du nicht irgendwo arbeiten? Vielleicht macht das einen Unterschied. Du weißt doch, dass ich dich brauche? Quarantäne ist nicht schön, aber ausschlafen dürfen ist auch etwas wert. Findest du nicht? Nochmals danke ich dir für das Päckchen, das du mir am Sonntag geschickt hast. Wie hast du das nur geschafft? Auf Wiedersehen, Schatz. Sei tapfer, hörst du. Du weißt es. Ich komme zu dir zurück. Dein Mann.

* Klaartjes Schwester.

Die Briefe, die die Frauen hier im Lager bekommen, enthielten alle in etwa dasselbe wie der oben. Die meisten Männer haben in ihren Briefen schon Abschied von ihren Frauen genommen. Es muss schlimm in Moerdijk gewesen sein, als die Nachricht bekannt wurde, die uns alle so mitgenommen hat. Dann kam noch hinzu, dass die Männer solchen Hunger litten. Mein Mann, der mich um widerliche Kohlsuppe bat. Ich las verschiedene Briefe, die gekommen waren, und viel mehr war nicht nötig – ich musste sehr weinen. Viele Frauen unter uns sind krank vor Heimweh, und auch ich litt darunter, wollte mir das aber nicht eingestehen. Schließlich blieb uns doch nichts anderes übrig, als alles, was uns angetan wurde, tapfer und mutig zu ertragen. Wir blieben mit weniger als der Hälfte der Frauen im Lager zurück, und trotzdem mussten wir aus der Situation das Beste machen.

Weiterleben, als ob nichts geschehen wäre. Geht das? Es gibt Dinge, auf die ich selbst keine Antwort mehr geben kann. Nicht nachdenken ist am besten. Sich der Dinge nicht bewusst werden. Jeden Tag wird unser Leid drückender und größer. Die Leiterinnen schreien und toben uns gegenüber, dass man es nicht mit anhören kann. Gestern früh wurden uns vierzehn Tage Paketsperre angedroht. Das bedeutet, vierzehn Tage von dem widerlichen Essen zu leben. Alle Pakete werden dann einbehalten. Keine Päckchen, kein Männerbesuch. Das sind die Dinge, mit denen man uns zuerst droht. Sie wissen immer ganz genau, wie sie uns am ärgsten treffen können. Gestern gab es eine neue Drohung. Wenn wir Frauen ohne den so sehr verhassten Stern herumlaufen, werden wir folgendermaßen bestraft: Der Kopf wird uns kahl geschoren und der Judenstern auf die bloße Haut tätowiert. Ist es ein Wunder, dass wir vor jeder Maßnahme zittern? Man droht uns mit den schmutzigsten und gemeinsten Dingen; etwas Dreckigeres als die oben genannte Maßregel kann man sich doch wohl nicht vorstellen. Wir werden aufgescheucht wie wilde Tiere und haben gar keine Ruhe mehr. Es dürfen keine Männer mehr ins Frauenlager kommen. Schwere Kessel mit Essen tragen, Betten umstellen, kurzum, alle schweren Arbeiten müssen von den Frauen verrichtet werden. Und das alles bei sehr wenig Essen. Das Brot ist schon verschimmelt, bevor wir es bekommen. Ganze Stücke müssen wir wegschneiden, bevor es gegessen werden kann.

14. Juni Montag

Es ist wieder etwas völlig Verrücktes passiert. Als uns letzte Woche die Nachricht erreichte, dass zwei Transporte von hier abfahren werden, hieß es in einer Proklamation, im Lager sollte acht Tage Trauer herrschen. Trauer, als wären viele von uns gestorben. Die acht Tage waren kaum rum, da wurde ein festlicher Abend angekündigt, der, wenn man sich das Ganze richtig bewusst macht, als Wahnsinn betrachtet werden muss. Ein Festabend von solchen Ausmaßen, so eindrucksvoll, mit ausgewählten Musikern aus einem der besten Orchester der Niederlande, dass sich mir wieder einmal die Frage aufdrängte, ob alles, was ich da miterlebte, noch normal war. Menschen, die gerade so großes Leid erfahren hatten – fast jeder hatte sich von einem Familienmitglied verabschieden müssen. Diese Menschen mussten auf Befehl der Leitung spielen.

Als Amüsementobjekte wurden sie betrachtet. Jeden Morgen habe ich sie üben hören. Wenn ich traurig durch das Lager lief, während ich mit einem Gefühl des Ekels an all das dachte, was in den vergangenen Wochen geschehen war, und die Klänge der Musik zu mir drangen, hätte ich oft vor bitterem Elend laut aufschreien können. Schick angezogen in Abendgarderobe und von Friseurinnen aus unserem Lager zurechtgemacht, strahlten die Leiterinnen auf diesem Festabend. Aber das Allerverrückteste an der ganzen Sache sollte noch kommen. Wer hätte sich vorstellen können, dass viele aus dem Lager kommen durften? Ist es nicht ziemlich absurd, dass an diesem Festabend Juden aus dem Lager unter den Gästen waren? Den einen Tag auf dem Appellplatz erniedrigt und kaputtgetreten. Dann zu einem festlichen Abend im Beisein der Autoritäten eingeladen. Etwas Verrückteres kann man sich doch nicht vorstellen. Aber ich hatte gelernt, mich über nichts mehr zu wundern, also hörte ich mir einfach alles mit einem Lächeln an. Das Festprogramm sollte jeden Abend wiederholt werden, bis alle, die sich im Lager befanden, eine Einladung bekommen hatten. Und obwohl es vielleicht verrückt klingt, freuten sich die meisten von uns sehr auf diese Abende. Jede von uns gab sich zumindest große Mühe, an dem Abend, an dem sie eingeladen war, so gut wie möglich auszusehen. Immer wieder berührte mich die Haltung der jüdischen Frauen. So schlimm es uns auch erging, wir ließen uns das bei unserem äußeren Erscheinungsbild nie anmerken. Im Gegenteil, ich war sogar davon überzeugt, dass wir unserem Aussehen hier im Lager noch mehr Sorgfalt widmeten als früher im Alltagsleben. So auch am Festabend. Man lieh sich gegenseitig Kleidungsstücke, denn die eine hatte viel und die andere wenig, und wir waren kameradschaftlich genug, uns gegenseitig nicht im Stich zu lassen. Ich glaube sogar, ich übertreibe nicht, wenn ich sage, dass wir es sehr schön fanden, etwas füreinander tun zu können, und gerade an einem solchen Abend wollten wir, dass unsere Freundinnen, die zuerst an der Reihe waren, gepflegt aussahen. Mit einem Gefühl der Befriedigung schauten wir ihnen nach, als sie ins Männerlager gingen, wo das Fest stattfinden sollte. Und gut gelaunt sprachen diejenigen, die noch nicht dorthin gingen, weiter darüber. Das Fest dauerte bis etwa halb zwölf, und in ausgelassener Stimmung kamen sie zurück in die Baracke. Es war ein äußerst gelungener Abend, und alle äußerten sich sehr lobend darüber. Die größte Freude bestand in der Tatsache, dass die Männer, die ihre Frauen begleitet hatten, diese bis zur Baracke bringen und noch kurz bleiben durften, um sich zu unterhalten.

So war es am ersten Abend. Am zweiten sollte das allerdings anders werden. Obwohl der festliche Abend an sich wieder als gelungen bezeichnet werden konnte, gab es danach eine so schreckliche Enttäuschung, dass es einige von uns sehr bereuten, überhaupt gegangen zu sein. Mir war es zu schön erschienen um wahr zu sein, dass die Männer und Frauen noch miteinander reden durften, und ich wusste schon im Voraus, dass es nicht so bleiben würde. Am zweiten Abend mussten Männer und Frauen voneinander getrennt in Fünferreihen antreten und durften nicht mehr miteinander reden. Damit hatte niemand gerechnet. Man stelle sich das vor: Man kommt von einem festlichen Abend, hat kurz vergessen, dass noch etwas anderes existiert als nur Ärger und Elend, und plötzlich wird man ganz und gar zurückgeworfen in die Sphäre des Konzentrationslagers. Das war vielleicht mal ein Erwachen, kann ich mir vorstellen. Der Schrecken und die Unterdrückung kamen unmittelbar wieder zum Vorschein. Im Bett vor mir lag eine Frau, die heftig schluchzte. Fröhlich und ausgelassen war sie zum Kabarett gegangen, voller Freude, weil sie ihren Mann sehen würde. Das war schließlich etwas, womit wir nicht sehr oft verwöhnt wurden. Wir hatten sie eingekleidet, so gut es uns möglich war, denn sie war ein hübsches, keckes Ding. Selbst immer bereit, anderen zu helfen, und ein fröhlicher Mensch, hatte sie uns an vielen Abenden mit ihren geistreichen Bemerkungen unterhalten. Sie besaß einen ausgeprägten Sinn für Humor und konnte das nicht selten denen vermitteln, denen oft ziemlich schwer ums Herz war. Sie trat zusammen mit der Amateurtheatergesellschaft auf, die regelmäßig durch das Lager zog, und war bei den meisten von uns sehr beliebt. Manchmal kam sie zu mir, um sich kurz mit mir zu unterhalten, und später hatten wir es hinbekommen, dass unsere Schlafplätze dicht beieinander lagen. Auf diese Weise konnten wir abends im Bett immer noch ein wenig über Dinge sprechen, die uns beide interessierten. So schlimm ich es auch für sie fand, als sie weinend zurückkam, ich konnte doch nichts für sie tun. Später, als sie sich etwas beruhigt hatte, erzählte sie mir, wie enttäuscht sie von dem Kabarettabend zurückgekommen war.

Dienstag, 15. Juni

Die Tage vergehen, und auch wenn sie einander oberflächlich betrachtet gleichen, vergeht doch kaum einer, ohne dass etwas mehr oder weniger Wichtiges passiert. Das Leben geht weiter, und die Transporte gehören schon wieder der Vergangenheit an. Man kann nicht dauernd daran denken, denn es gibt immer wieder Dinge, die wichtig sind und unsere Aufmerksamkeit erfordern. Heute hat meine Schwester Geburtstag. Schon fast ein Jahr ist es her, dass sie von mir getrennt wurde, und seitdem habe ich nichts mehr von ihr gehört. An Geburtstagen, so scheint es, spürt man die Familienbande noch stärker als sonst. Dann denke ich an alle Mitglieder meiner Familie, von denen ich weiß, dass sie in Polen sind. Von meiner lieben Mutter weiß ich gar nichts. Niemand weiß, was aus ihr geworden ist. Wenn ich daran denke, könnte ich weinen vor Kummer und Sehnsucht. Aber es hilft ja alles nichts. Ich habe gelernt, mich in die Umstände zu fügen. Und wie ich schon gesagt habe, wird ein Mensch in diesen Umständen sehr viel härter. Mein Mann schreibt Briefe aus Moerdijk, die mich sehr traurig machen. Ich ertrage die Vorstellung nicht, dass die Männer dort Hunger leiden und ihre Frauen bitten und anflehen, ihnen doch etwas in Töpfen zu schicken. Nachts liege ich wieder wach und denke ständig daran. Dann erfüllt mich eine ohnmächtige Wut. Vor ein paar Tagen saßen wir mit einer Gruppe Mädchen oben auf den Betten im Schlafsaal. Es regnete in Strömen, es blitzte, und ehrlich gesagt hatten wir ein bisschen Angst. Donner und Blitz folgten unaufhörlich aufeinander. Wir langweilten uns schrecklich und wussten nichts Besseres mit unserer Zeit anzufangen, als ein wenig zu schlafen und uns dann gegenseitig Gesellschaft zu leisten. Plötzlich ertönte ein «Achtung», und wir mussten von den Betten herunterkommen, um beim Saubermachen des Kinderlagers zu helfen. Zuerst hatte ich keine große Lust dazu, denn ich hatte mir vom ersten Tag im Lager an vorgenommen, so wenig wie möglich zu tun, wenn es irgendwie ging. Das machte mich natürlich durch und durch zu einer Saboteurin, aber das kümmerte mich nicht. Ich war der festen Überzeugung, dass mein Verhalten auf die Transporte überhaupt keinen Einfluss hatte. Viele von uns glaubten, wenn man eine Arbeit hat, sei es weniger wahrscheinlich, dass man auf Transport muss, aber die Erfahrung hatte mich eines Besseren belehrt. Darum hatte ich mir selbst ein gutes Leben versprochen (sofern das möglich war). Natürlich mussten alle an die Arbeit, aber es war praktisch unmöglich, hier im Lager Arbeit für jeden zu finden. Im Atelier gab es so gut wie nichts zu tun, und da waren ich weiß nicht wie viele Menschen, die ganze Tage lang still dasaßen und sich unendlich langweilten. Ich selbst war für das Atelier und für die Philips-Fabrik registriert, aber bisher bin ich weder in der einen noch in der anderen Fabrik gewesen. Ich hatte so meine eigenen Beschäftigungen, denn den ganzen Tag nichts zu tun, war ganz einfach unmöglich. Um Viertel nach fünf Appell, und dann so einen langen Tag vor sich. Ein paar Stunden schrieb ich regelmäßig. Dann las ich etwas und strickte währenddessen ein Paar Socken für meinen Mann. Dazu hatte ich noch genug kleine Dinge für mich selbst zu tun. Hin und wieder ging ich bei Bekannten in einer anderen Baracke auf Besuch und blieb dort eine Weile, um mich zu unterhalten. Abends um sieben Uhr ging ich ins Bett, denn da fühlte ich mich noch am sichersten und ruhigsten. Während des Tages wurden wir von der einen Seite auf die andere gescheucht. Im Esssaal durften wir nicht sein, wenn dort sauber gemacht wurde. In den Schlafsaal durften wir auch nicht. Es regnete fast jeden Tag in Strömen, darum wussten wir nicht, was wir mit uns anfangen sollten. Als wir nach dem Putzen kurz mit einer Gruppe im Esssaal saßen, um uns zu unterhalten oder Handarbeiten zu machen, kam plötzlich eine deutsche Leiterin herein und zerrte uns aus der Baracke, weil wir an verschiedenen Stellen beim Saubermachen helfen sollten. Es gab immer etwas zu schleppen. Schwere Bettgestelle. Der große Handwagen, auf dem sich die Kessel mit dem Essen befanden und der früher immer von den Männern von Baracke zu Baracke gezogen worden war, wurde nun von Frauen gelenkt. Es war ein lächerlicher Anblick. Aber weil keine Männer mehr ins Frauenlager kommen dürfen, sieht man immer wieder, wie die Frauen sich vor dem Wagen abmühen, und sie tun das mit der ganzen Energie und Willenskraft, die sie besitzen. Lachend und schreiend zogen sie den Wagen und machten dabei Blödsinn miteinander. Nie schafften sie es, die Juden zu unterdrücken. Nie waren sie *down* oder mürbe zu bekommen. Zu dieser Erkenntnis kam ich jeden Tag wieder. Es gab keine Arbeit, die so schwer oder so schmutzig gewesen wäre, dass wir nicht immer noch unsere Witze gemacht hätten. Das war für viele von uns die Rettung.

Freitag, 18. Juni

Mit Eimern, Schrubbern, Holzschuhen und Stiefeln bewaffnet zogen wir ins Kinderlager. Es war tatsächlich nötig, dort ein Großreinemachen zu veranstalten. Nur hatte ich selbst keine Lust dazu. Es gab Tage, an denen ich wieder heftige Speiseröhrenkrämpfe hatte, und wenn ich dann nichts gegessen hatte, stand mir bestimmt nicht der Sinn danach, beim Schrubben zu helfen oder etwas anderes dieser Art zu tun. Ich schaute einfach den anderen zu, und als mir das langweilig wurde, nahm ich mit einer Schlafgenossin die Beine in die Hand und verdrückte mich. Auf dem Weg in meine Baracke wurden wir vom Kommandanten angehalten, der uns anblaffte, wo wir hingingen. Wir schrieen zurück, Material holen, und in der Baracke angekommen, legten wir uns schnell ins Bett, schön schlafen. Wir lachten noch kurz bei der Erinnerung an die verrückten Dinge, die wir im Kinderlager gesehen hatten. Ich musste jedes Mal sehr darüber lachen. Lustig fand ich auch immer, wie wir morgens geweckt wurden. Die Barackenleiterin rief schon ab halb vier: «Aufstehen, die Damen». Um halb vier, das war doch nicht mehr normal. In unserer Baracke gab es ein paar, die sehr witzig waren und sehr lustige Bemerkungen austauschten. Deswegen kam es nicht selten vor, dass wir, auch wenn das vielleicht etwas seltsam klingt, schon morgens früh schallend lachten. Dann hörte ich, wie die eine der anderen zurief: «Los, beeil dich, sonst haben wir wieder nichts vom Tag. Du Langschläferin. Es ist schon vier Uhr. Aus dem Bett mit dir. Der Tag ist doch sonst sofort wieder vorbei.» Oder ich hörte: «Du, kommst du mit einkaufen? Aber dann musst du schnell machen, sonst schließen die Geschäfte, und wir bekommen wieder nichts. Gestern waren wir auch schon zu spät dran, und das war deine Schuld.» Dann musste ich laut lachen, weil es so ohne jede Gemütsregung vorgebracht wurde. Oder jemand sagte: «Jetzt habe ich stundenlang angestanden und sehe gerade, ich habe meine Lebensmittelkarten daheim liegen lassen. Komm schnell mit, die Karten holen, sonst sind die Läden wieder leer.» All diese Bemerkungen und geistreichen Witze hörte ich mir an, und ich fand, dass man dafür doch eine ordentliche Portion Humor und Vitalität brauchte. Es herrschten auch immer schon früh am Morgen überall Lebendigkeit und Betriebsamkeit. Währenddessen wurden die Kessel mit dem Kaffee hereingebracht, und wir stürzten uns darauf, um einen großen Becher mit Schlamm zu bekommen. Immer wieder wurden Kessel für Essen als Kaffeekessel verwendet. Es gab nur eine Sorte Kessel, und die wurden zu allen möglichen Zwecken gebraucht. Und der Tag fing an, und jeden Tag passierte etwas anderes.

Sonntag, 20. Juni

Wir sind nicht mehr in Quarantäne, und zum Glück müssen wir auch nicht mehr auf den großen Appellplatz. Darüber bin ich wirklich froh. Ich habe selbst keine gute Erklärung dafür, aber die Tatsache an sich, dass ich nicht mehr dorthin muss, macht mich froh. Jetzt werden wir wieder genau wie vorher auf dem Weg entlang der Baracken gezählt. Für diejenigen, die morgens und abends kurz die Männer gesehen haben, ist das natürlich schade, aber ich fand es immer abscheulich. Ich hatte dann immer wirklich das Gefühl, in einem Konzentrations-lager zu sein. Hier passieren täglich derartig verrückte Dinge. Vor ein paar Tagen kam am Morgen, während wir putzten, eine der «Leiterinnen» in die Baracke. Sie fing wie immer an zu schreien und zu schimpfen und fand, wir hätten nicht ordentlich genug sauber gemacht. Sie nahm jemandem einen Eimer Wasser ab und schüttete ihn über dem Boden aus. Ein Teil davon landete auf den Füßen einer Frau. Bedröppelt standen wir da, denn das Ganze war ziemlich schnell vor sich gegangen. Ich fand das so dreckig und gemein. Wir mussten wieder von vorne anfangen mit dem Putzen.

Eine Stunde später war die Leiterin zurück. Und eine Frau, dasselbe freche Ding, das vor mir schläft, stand nicht auf, als sie hereinkam. Zur Strafe musste sie den ganzen Tag in einer Ecke stehen. Gestern wieder so etwas. Nach dem Essen mussten die beiden Kessel an den Zaun gebracht werden. Dort wurden sie von den *Häftlingen* in Empfang genommen, die sie dann in ihre Küche brachten. Die Kessel wurden von vier Personen getragen. Jeder von zweien. Statt über den Hauptweg gingen sie über den Sandweg, um schneller am Zaun zu sein. Da kommt der *Oberscharführer* an und schreit herum, dass man Angst bekommen konnte. Alle vier sollten bestraft werden, denn sie hätten sich eines schweren Vergehens schuldig gemacht. Man stelle sich das nur vor: Über den Sandweg sind sie gelaufen. Dabei war das doch lebensgefährlich? Sie mussten bis gestern Abend um neun am Wegrand stehen. Um halb drei begann ihre Strafe, und erst wurden sie noch ausgeschimpft, weil sie sich an der verkehrten Stelle hinstellten. Um halb sechs kam eine unserer Verwalterinnen des Weges, und sie erlaubte ihnen, in die Baracke zurückzugehen. Sie wurden mit Jubel empfangen. Wir gingen mit unserer Gruppe, in der alle dicht beieinander schlafen, zeitig ins Bett, aber um sieben Uhr wurden die vier wieder aus den Betten geholt und mussten wieder an den Wegrand, denn der *Oberscharführer* hatte wissen wollen, wo sie geblieben waren. Und schnell mussten sie sich ankleiden und dort bis Viertel nach neun stehen bleiben. Wir waren alle sehr empört über eine so schmutzige Tat. Zum Glück lachte das Viergespann darüber, und sie fanden die Tatsache an sich nicht so fürchterlich schlimm. Schlimmer war hingegen, dass der Kerl sie angebrüllt hatte, als hätten sie ein schlimmes Verbrechen begangen. Es war ja auch wirklich ein schweres Vergehen, das sie sich hatten zuschulden kommen lassen. Eine aus dem Viergespann, eine kleine Kindfrau, sagte: «Nie im Leben bringe ich wieder einen Kessel an den Zaun. Was für ein widerliches Gebräu.» Es ist tatsächlich besser, alles von der heiteren Seite zu betrachten und nicht näher darüber nachzudenken. Es ist nun bei den Leiterinnen zur Gewohnheit geworden, wenn wir Appell stehen hier und da eine aus der Reihe zu holen und bis neun Uhr am Wegrand stehen zu lassen. Dafür braucht man gar nichts getan oder besser gesagt falsch gemacht zu haben. Es reicht schon, wenn man Pech hatte und ausgesucht wurde, dann ist man schon dran. Ich passe gut auf, dass ich möglichst wenig auffalle, denn ich stelle es mir nicht besonders angenehm vor, bis neun Uhr dort stehen zu müssen.

21. Juni Montag

Zwei Nächte hintereinander Fliegeralarm im Lager. Das ist, seitdem wir hier sind, noch nie geschehen. Heftiges Dröhnen der Abwehrgeschütze in der Ferne. Angezogen saßen wir auf den Betten. Voller Hoffnung, dass endlich etwas Gutes passiert, erlebten wir wieder einige Stunden der Anspannung. Wir dachten alle an die bevorstehende Befreiung und beratschlagten miteinander, ob wir auf den Betten sitzen bleiben oder in den Esssaal gehen sollten. Ein Teil von uns stand tatsächlich auf, aber in der folgenden Nacht, als es wieder Fliegeralarm gab, blieben wir alle ruhig im Bett. Wir hatten uns schon

wieder daran gewöhnt; bis jetzt kommt es immer wieder vor,
dass es Alarm gibt und einige von uns einfach ruhig weiterschlafen.
Am Morgen nach dem ersten Fliegeralarm mussten wir dafür schwer
büßen, denn die Leiterinnen schrien und tobten. Die Zahlen beim
Appell stimmten nicht. Es gab ungefähr dreißig Kranke. Eine der
Leiterinnen ging persönlich in unsere Baracke und holte alle Kranken
aus dem Bett. Für die Deutschen läuft es politisch nicht gut. Darum
werden wir so schlecht behandelt. Ständig machen sie Jagd auf die
wenigen Kleidungsstücke, die wir noch besitzen. Die Wäsche, die aus
der Wäscherei zurückkam, ist beschlagnahmt worden. Den ganzen Tag
lang werden wir aufgescheucht, und sie machen uns Angst. Man hat
ein Strafgefängnis eingerichtet. Also ein Gefängnis im Gefängnis.
Das klingt eigentlich ganz nett. Wenn wir frech zu den Leiterinnen
sind, bekommen wir Arrest. Sie dürfen uns jetzt auch ohne Weiteres
ins Gesicht schlagen. Alles ist ihnen erlaubt. Das sind vor allem
ordinäre Personen; wenn sie sich unterhalten, kann ich ab und zu
hören, wie sie schmutzige Bemerkungen machen. Dann finden sie sich
offensichtlich selbst sehr witzig, denn das kommt bei ihrem Gefolge
sehr gut an. Mit jedem Tag machen sie es uns schwerer. Entweder mit
Blocksperre, während der wir die Baracken nicht verlassen dürfen.
Dann wieder, indem man uns eine Paketsperre androht. So vergeht
kein Tag, ohne dass sie sich wieder eine neue Quälerei für uns ausdenken. An einem Abend vor einigen Tagen wurden wir alle zusammen-
gerufen, und man teilte uns Folgendes mit: Jede Frau, die sich mit den
Häftlingen abgibt oder bei der man vermutet, dass sie mit ihnen
spricht, wird kahl geschoren. Das war noch nichts im Vergleich mit
dem, was folgte: Jede Frau, die Körperkontakt mit den *Häftlingen*
hatte, soll zum Tode verurteilt werden und vierundzwanzig Stunden
auf dem Appellplatz hängen, damit das Lager sie sehen kann.
Das löste große Bestürzung aus, denn viele von uns hatten unter den

Häftlingen Familie, Freunde und Bekannte. Und obwohl wir alle längst wussten, dass wir uns nicht mit ihnen abgeben dürfen, hatten wir uns bisher nie etwas aus den Drohungen gemacht und jede Gelegenheit genutzt, die sich ergab. Aber jetzt sollte das alles anders werden. Über diese strengen Maßnahmen erschraken wir sehr. Keine von uns wollte kahl geschoren werden. Und darauf, vierundzwanzig Stunden auf dem Appellplatz zu hängen, hatten wir auch keine große Lust. Wir waren schon wieder über den ersten Schrecken hinweg und sogar in der Lage, miteinander ein paar Witze darüber zu machen: Gegenseitig malten wir uns aus, wie wir auf dem Appellplatz hängen würden. Wenn man richtig darüber nachdachte, war es eine Gräueltat. In einem modernen Zeitalter zum Tode verurteilt zu werden, das zeugte wirklich von zivilisierten Zuständen. Und das Schlimmste für mich war Folgendes: Ich sollte in den nächsten drei Tagen in der Philips-Fabrik probearbeiten.

23. Juni Mittwoch

Mein erster Tag bei Philips. Nie werde ich die Eindrücke vergessen, die ich von dort mitgenommen habe. Morgens nach dem Appell um halb sechs mussten wir zu zehnt am großen Zaun antreten. Die Philips-Abteilung befand sich im *Häftlings*lager. Man hat einige Baracken leer gemacht, ausgebaut und ganz und gar für den Industriebetrieb eingerichtet. Eine große Zahl von Maschinen und Motoren stand in regelmäßigen Abständen nebeneinander. Plötzlich hörte ich, wie jemand meinen Namen rief, und als ich mich umdrehte, sah ich unter den *Häftlingen* meinen Freund. Aus Freude über diese Begegnung wollte ich ihm spontan die Hand geben, als mir jemand auf die Schulter klopfte und mich warnte, ich dürfe nicht mit den *Häftlingen* sprechen. Ich störte mich aber nicht daran und sagte lachend und zum großen Vergnügen der anderen Gefangenen, ich würde meine Haarpracht gern opfern. Es war kein einziger Kapo* in der Nähe, also hätte ich es mir ruhig erlauben dürfen. Die Männer untereinander verrieten sich nicht, aber bei uns Frauen sah die Sache anders aus. Ich konnte spüren, dass einige feindliche Blicke auf mich gerichtet waren, und das wurde im Laufe des Tages und an den folgenden Tagen nicht besser. Alle standen noch unter dem Eindruck der Bekanntmachung vom Vorabend, und sie fanden, dass ich mich eines großen Vergehens schuldig gemacht hatte. Ich lachte darüber und sagte, ich könne die volle Verantwortung für mich selbst durchaus übernehmen, und wenn ich erwischt würde, wäre es schließlich mein Haar, das dran glauben müsse. Wir mussten zu zehnt an einer langen Werkbank sitzen. Darauf befanden sich zehn Lötkolben. Also für jede Arbeiterin einer. Der ganze Betrieb befand sich in den Händen der *Häftlinge*. Es gab einen Vormann, der mit uns sprechen durfte. Er durfte sich als Einziger mit uns abgeben, denn er musste uns beibringen, wie man lötet.

Wir bekamen alle ein viereckiges Brett. Darauf befanden sich in kleinen Abständen Nieten. Diese mussten mit kleinen Drähten miteinander verbunden werden. Jeder von uns bekam ein Stück Schmirgelpapier, eine Schale mit Eisendraht und ein Stück zum Löten. Wir konnten anfangen. Ich nahm den Kolben und lötete ohne Rücksicht auf Verluste drauflos. Neben mir saß ein nettes Mädchen. Wir verstanden uns gut und machten ziemlich viel Blödsinn miteinander – sehr zum Ärger der anderen. Einer der *Häftlinge* kam zu mir (später hörte ich, dass er die Leitung der Gruppe übernehmen sollte)

---

* KZ-Häftling, der andere Häftlinge beaufsichtigen muss.

und erzählte mir, er habe meinen Vater sehr gut gekannt. Ich fand das sehr schön, und wir unterhielten uns lebhaft. Er warnte mich, ich dürfe vor allem nicht so schnell arbeiten, denn das werde mit Sabotage gleichgesetzt. Ich begriff, was er meinte, und dankte ihm. Ich gefiel ihm anscheinend ziemlich gut, denn er stellte sich immer wieder zu mir, und wir hatten viel Spaß. Alle *Häftlinge*, die dort arbeiteten, waren Arier. Jüdische Gefangene durften nicht in den Betrieb kommen. Aber es gab einige jüdische Zeichner und Ingenieure, die dort arbeiteten. Die kümmerten sich aber gar nicht um uns. Sobald Deutsche in der Nähe erschienen, machten die *Häftlinge*, dass sie von uns wegkamen. Sobald die Luft wieder rein war, setzen wir unser Gespräch fort. Um acht Uhr bekamen wir ein Stück Kommissbrot. Das war eine Zugabe; daran waren wir nicht gewöhnt. Ich aß das Brot nicht, denn ich hatte Probleme mit Speiseröhrenkrämpfen. Während die anderen aßen, schrieb ich einen Brief an meinen Mann in Moerdijk. Plötzlich stellte jemand eine große Schale mit Brei vor mich hin. Mein neuer Freund hatte mich beobachtet und gesehen, dass ich kein Brot aß, und als hätte er begriffen, dass Brei besser für mich war, hatte er schnell welchen gekocht. Ich war von so viel Herzlichkeit völlig überrascht und wurde ein wenig verlegen. Ich wusste nicht, ob ich das annehmen konnte, denn ich durfte doch gleichzeitig die Umstände nicht vergessen. Der Vormann kam zu mir, und ich musste den Brei essen, ob ich wollte oder nicht. Beide blieben neben mir stehen und rührten sich nicht, bis ich den Brei aufgegessen hatte. Damit hatte ich mir die Feindschaft meiner Mitlöterinnen zugezogen. Sie fanden, es gehe nicht an, mich mit dem Brei füttern zu lassen, den ich von den *Häftlingen* bekam; sie waren fürchterlich eifersüchtig und ließen mich links liegen. Das fand ich übrigens nicht besonders schlimm, denn ich war es längst gewohnt, mich nicht um jeden zu kümmern. Der Brei hatte mir ganz ausgezeichnet geschmeckt, und das war für mich am wichtigsten. Was man darüber sagte, interessierte mich nicht. Ich tat, was mir selbst richtig schien, und wir redeten einfach weiter. Ich vergaß völlig, dass ich hergekommen war, um zu lernen, wie man lötet, und dass ich drei Probearbeitstage ableisten musste. Ich musste gut sein, wenn ich angenommen werden wollte, aber mein Instinkt sagte mir schon, dass ich da war, wo ich sein wollte, und dass ich mich nicht mehr anzustrengen brauchte. Ein anderer *Häftling* kam zu mir, und auch er kannte mich von früher. Wir sprachen über viele Dinge aus der Vergangenheit, und die Zeit verging wie im Flug. Ehe ich wusste, wie mir geschah, schlug die Uhr zwölf, und die *Häftlinge* mussten zum Appell antreten. Danach durften wir bis ein Uhr Pause machen. Ich amüsierte mich köstlich und wurde sehr verwöhnt. Ich hatte sogar ein wenig das Gefühl, als wäre ich wieder in meinem früheren Leben und in dem Betrieb, in dem ich früher gearbeitet hatte. Die Frau, die neben mir saß, fühlte auch keinen großen Arbeitseifer, und zusammen beschlossen wir, uns einmal richtig verwöhnen zu lassen. Was wir alles bekommen haben, ist unglaublich. Ich war an das alles nicht mehr gewöhnt, und während ich meinen Brief nach Moerdijk weiterschrieb, wusste ich, dass mein Mann keinen Hunger mehr würde leiden müssen. Dafür*

---

* Der Eintrag geht im nächsten Heft weiter.

Drittes Heft

würden meine neuen Freunde sorgen. Dafür war ich ihnen außerordentllich dankbar. Ich machte mir solche Sorgen um meinen Mann und sah keine Möglichkeit, ihm zu schicken, was er brauchte.

Und in jedem Brief schrieb er wieder, dass er Hunger hatte und ob ich ihm nicht etwas übrig gebliebenes Essen schicken könne. Das machte mich entsetzlich traurig, und ich hob so viel wie irgend möglich von meinem Kommissbrot auf, um es ihm zu schicken. Ich selbst aß sowieso nicht so viel Brot und bekam immer wieder Hilfe, indem man mir Haferbrei gab. Den bekam ich dann von meinen Bekannten. Ich fand es also nur begreiflich, dass ich alles annahm, was ich bekommen konnte. Die *Häftlinge* (also die Kapos) schienen es ziemlich einfach besorgen zu können, und ich sah darin für mich selbst überhaupt kein Problem und nahm alles ohne ein schlechtes Gewissen entgegen. Ich musste mir ab und zu wieder bewusst machen, dass ich mich in einem Konzentrationslager befand, und es erstaunte mich, dass das alles hier möglich war. Stunden um Stunden saß ich da und unterhielt mich mit dem Mann, der die Leitung einer Arbeitsgruppe von zwanzig Mädchen übernehmen sollte.

Wie herrlich war es, mich wieder einmal mit Männern zu unterhalten und Gedanken mit ihnen auszutauschen. Diese Männer machten sich große Sorgen um die jüdischen Frauen aus unserem Lager und gaben sich alle Mühe, uns das Leben angenehmer zu machen. So entstand ein enges Freundschaftsband zwischen den *Häftlingen* und den Frauen. Der Gruppenleiter erzählte mir, dass er schon in verschiedenen Konzentrationslagern gewesen war, aber dass ihm Vught im Vergleich mit all den anderen wie ein Eldorado vorkam. Er erzählte mir grauenhafte Dinge, die er dort mitgemacht hatte, und berichtete vom Leben der Frauen, die in deutschen Lagern entsetzliche Dinge durchmachen mussten. Voller Interesse hörte ich zu und erzählte ihm, dass ich selbst Notizen machte. Am Nachmittag stellte er mich einem Freund vor, einem großen, gut aussehenden, blonden Mann. Er war Ingenieur und schrieb selbst auch täglich auf, was er erlebte. Interessiert wollte er wissen, was ich schrieb, und fragte mich, ob er etwas davon lesen dürfe. Ich zweifelte erst kurz, weil ich äußerst vorsichtig sein musste, aber er flößte mir ein so großes Vertrauen ein, dass ich ihm spontan ein Heft aushändigte. Zu zweit setzten sie sich hin und lasen, und als sie fertig waren, drückte mir der blonde Mann kräftig die Hand. Seine Augen standen voller Tränen, als er sagte: «Gott gebe, dass ihr aus dieser Lage erlöst werdet. Diese Aufzeichnungen haben mich so sehr getroffen. Ich habe das Leid von euch jüdischen Frauen bis ins Letzte nachvollziehen können; Sie haben es auf sehr sensible Weise wiedergegeben. Irgendwann werden wir alle dieses Elend hinter uns lassen, und dann hoffe ich, dass ihr das große Leid vergessen werdet, das man hier erfährt und das uns und euch unnötigerweise zugefügt wird. Vergessen Sie nicht, dass wir Arier auch schwer für unsere Taten büßen müssen, denn viele von uns sind wegen Judenbegünstigung hier.»

Er dankte mir für das Vertrauen, das ich ihm geschenkt hatte, und wir sprachen noch eine Weile weiter miteinander. Ich fragte mich, wie es doch möglich war, dass ein so großer Kerl seine Rührung nicht hatte bezwingen können und wie ein Kind die Tränen laufen ließ. Große

Kinder waren diese Männer, und sie hatten es selbst nötig, dass man sie gut versorgte. Ich wurde an diesem Tag noch verschiedenen Männern vorgestellt, und mit allen sprach ich ein wenig. Wenn man mich wirklich erwischt hätte, hätte ich sicher Haare lassen und mir eine Perücke leihen müssen. Meine Kolleginnen beachteten mich überhaupt nicht mehr, so schlimm fanden sie, was ich getan hatte. Ich lötete gar nicht mehr, denn der Vormann hatte mich gebeten, für ihn und die anderen etwas zu essen zurechtzumachen. Das tat ich sofort, denn mir war jede Ablenkung willkommen, und das Löten interessierte mich überhaupt nicht. Ich fühlte mich hier ganz wie «zu Hause» und fand es schade, als der Tag schließlich vorbei war. Es gab noch etwas sehr Schönes in der Philips-Fabrik. Ein separates WC, das man von innen abschließen konnte. Das war ein unglaublicher Luxus. Einen Moment ganz allein sein zu können, und sei es nur in einem kleinen Raum, der zum WC gehörte. Was waren wir schnell zufrieden, dass wir sogar das als Luxus empfanden. Als der Tag vorbei war, erfüllte mich ein herrliches Gefühl der Befriedigung. Das sollte jedoch schnell einen Dämpfer erfahren, denn als ich in meine Baracke zurückkam, war dort ein höllisches Spektakel im Gange. An diesem Tag hatte man bekannt gegeben, dass wir alle Kleidung abgeben mussten, die wir noch besaßen. Wir durften nichts mehr in unserem Besitz haben. Wir nahmen an, dass das mit der nächtlichen Schießerei zusammenhing und dass man sich auf diese Weise an uns rächen wollte. Jede versuchte, noch etwas von ihren Sachen zu retten, und die meisten zogen zwei oder drei Garnituren Unterwäsche übereinander an. Darüber musste ich wirklich lachen, denn das alles erschien mir so unwichtig. Was machte es schon, ob ich noch eine weitere Garnitur Unterwäsche hatte? Es interessierte mich überhaupt nicht. Außerdem lebte ich noch ganz in der Atmosphäre des Tages.

Auf einen schönen Tag folgte ein schrecklicher Abend. Als ich in die
Baracke kam, hieß es, wir müssten auf den großen Appellplatz. Also
auf das Exerzierfeld. Das verhieß nichts Gutes, denn es war lange Zeit
nicht mehr vorgekommen, dass wir dorthin mussten. Wir standen
dann auch von sechs bis neun Uhr abends Appell. Eine ganz neue
Registrierung. Das hatte es bisher nicht gegeben. Um halb zehn
kamen wir zurück in die Baracken. Dann mussten wir noch essen.
Todmüde ging ich ins Bett, wo ich ein paar Stunden später vom
Fliegeralarm geweckt wurde. Am folgenden Morgen gelang es mir mit
viel Mühe, aus dem Bett zu kommen. Als ich bei Philips ankam,
nahm ich mir gleich die Freiheit, mich ein bisschen auszuruhen.
Ich legte mich mit dem Kopf auf den Armen vornüber auf den Tisch,
und auch wenn ich nicht schlafen konnte, tat es mir gut. Ich war in
gereizter Stimmung und starrte traurig vor mich hin. Ich schaute auf
eine Baracke gegenüber, wo die Radiomonteure an der Arbeit waren.
Auch alles *Häftlinge*. Sie lachten mir freundlich zu, und ich konnte
mir nicht helfen und lachte zurück. Ich fühlte mich ziemlich *down*,
und weil ich plötzlich nicht mehr an den schrecklichen Abend denken
wollte, zwang ich mich dazu, mich auf meine Arbeit zu konzentrieren.
Aber ehrlich gesagt hatte ich keine Lust dazu und fand es eine angenehme Ablenkung, als der Gruppenleiter kam, um sich ein wenig mit
mir zu unterhalten. Wir sprachen über den vergangenen Abend, und
ich fragte ihn, ob er vielleicht von einem Transport gehört hätte, der
demnächst abfahren sollte. Aber niemand schien etwas darüber zu wissen. Sie hatten sehr wohl gesehen, dass wir spät abends Appell stehen
mussten, und versucht, im Vorübergehen meine Aufmerksamkeit auf
sich zu lenken, aber ich hatte gar nicht reagiert. Zumindest hatte ich
die *Häftlinge* nicht beachtet, obwohl sie ganz nah an mir vorbeigelau-

fen waren. Ich wusste schon, dass man mich ins Kommando aufnehmen würde, und hielt es überhaupt nicht für nötig, mich weiter anzustrengen. Ich wollte nur schreiben und nutzte auf diese Weise doch meine Zeit für etwas Produktives. Wieder bekam ich herrlichen Brei und ließ mich den ganzen Tag wunderbar verwöhnen. Die Zeit verging wie im Flug, und hin und wieder kamen Offiziere vorbei, um zu schauen, ob wir mit der Arbeit zurechtkamen. Dann spielten wir ihnen von vorne bis hinten eine Komödie vor. Der Vormann nahm korrekt Haltung an, und jeder gab vor, hart zu arbeiten. Aber kaum hatten sich die Herren entfernt, war Schluss mit der Komödie. Die Lötkolben wurden weggelegt und die Diskussionen fortgesetzt. Am Morgen war der *Unterscharführer* erschienen und hatte dem Gruppenleiter ein paar kräftige Schläge ins Gesicht versetzt. Ich erschrak heftig über so viel brutale Gewalt und wurde wieder von dem Bewusstsein überwältigt, in einem Konzentrationslager zu leben. Eine ohnmächtige Wut befiel mich, als ich sah, wie der Mann Haltung bewahrte, während er die Schläge in Empfang nahm. Man fand, dass es im Maschinenraum nicht hell genug war. Darum die Tracht Prügel. Als der *Scharführer* weg war, stand ich auf und ging zu ihm hin. Mit großen, traurigen Augen schaute er mich an und sagte: «Glaubst du mir, wenn ich sage, dass ich mich eines Tages rächen werde?» Und ob ich ihm glaubte. Ich war ganz fest davon überzeugt und hoffte, es werde bis dahin nicht mehr ganz so lange dauern. Jeden Tag waren wir schließlich voller Erwartungen und Hoffnungen, unser Elend werde schnell ein Ende finden. Darin wurden wir noch durch die *Häftlinge* bestärkt, die selbst sehr optimistisch waren. Außerdem war es für sie nichts Ungewöhnliches, hin und wieder eine Tracht Prügel zu bekommen. Die roten Flecke auf seinem Gesicht waren noch lange zu sehen. Er sagte, ich solle einfach so tun, als hätte ich nichts gesehen, und es sei eigentlich nicht wichtig. Bald hatten wir

beide den Vorfall vergessen und sprachen ruhig weiter. Er erkundigte sich nach meinem Mann; ich erzählte, dass er nach Moerdijk geschickt worden war, dass aber die Möglichkeit bestand, dass er bald zurückkommt. Es hieß nämlich, alle Moerdijker sollten nach Vught kommen. Sechzig Pelzmacher waren schon angekommen, und wir hofften, es würde nicht so lange dauern, bis der Rest folgte. Es hieß, die *Häftlinge* sollten mit ihnen tauschen. Und tatsächlich waren schon fünfhundert dafür ausgesucht worden. Also war die Chance, dass alle Männer zurückkamen, gar nicht so klein. Der Gruppenleiter packte ein Päckchen für mich zusammen und sagte, ich solle es meinem Mann schicken. Es waren ein paar Lebensmittel. Erfreut nahm ich die Sachen entgegen, und er versprach mir, mir regelmäßig etwas für mich selbst zu schicken. Wir hatten wirklich Freundschaft geschlossen, und er erzählte mir viel. Unter anderem, dass er vor einigen Wochen seine sechsundzwanzigjährige Frau bei einem Bombenangriff auf Vlissingen verloren hatte. Dieser Mann hatte schon entsetzlich viel mitgemacht, und trotzdem war er noch voller Mut und Lebensfreude. Den ganzen Tag wurden Witze gemacht und es wurde gelacht. Einer der Häftlinge, der für die Lebensmittelversorgung verantwortlich war, kam mit einem Wagen, auf dem sich ein paar Brötchen und Kuchen befanden. Er verkaufte viel davon, aber noch mehr wurde «organisiert».
Jedes Mal, wenn sich der Mann abwandte, wurde sein kleiner Wagen gestürmt. Ich musste schallend lachen. So etwas hatte ich schon lange nicht mehr erlebt, und die Männer gingen sehr freundschaftlich miteinander um. Sie neckten einander gern, und es dauerte nicht lange, und ich machte tapfer mit. Einmal mehr fand ich das Leben im Konzentrationslager nicht mehr so schlimm und sogar erträglich, und ich wünschte mir, es werde bis zum Ende des Krieges so bleiben. Ich fasste sogar wieder ein bisschen Mut und dachte daran, dass ich meinem Mann regelmäßig etwas würde schicken können. Das alles

versetzte mich in eine muntere Stimmung. Ich fühlte mich drei Tage lang wie im Urlaub und bekam die leckersten Dinge vorgesetzt.

Als die Zeit um war, tat mir das schrecklich leid. Ich nahm von allen Abschied, und sie sagten: «Also dann, auf Wiedersehen in vierzehn Tagen.» Von meinem neuen Freund bekam ich ein Andenken zu Ehren unserer Freundschaft. Leider waren die Tage rasch vorbeigegangen, und ich hoffe, ich werde bald wieder in der Fabrik arbeiten dürfen.

Sonntag 27. Juni

Ich finde es in der Baracke noch grässlicher als vorher. Nirgendwo kann ich schreiben. Auf meinem Bett darf ich nicht sitzen. Im Esssaal könnte man wahnsinnig werden, weil so viel Unruhe herrscht. Und trotzdem werde ich schreiben, auch wenn ich dafür jede Nacht ein paar Stunden opfern muss. Das habe ich übrigens schon oft getan. Aber ich brauche meine Nachtruhe auch dringend, denn die Nächte sind sehr kurz und sofort wieder vorbei.

Gestern Abend war ich in einem Konzert. Klingt das nicht seltsam, ein Konzertabend in einem Konzentrationslager? Im Männerlager hatte man eine Baracke ganz und gar ausgeräumt und als Musiksaal eingerichtet. Eine große Bühne, von Wandbildern in der Form von Musikinstrumenten umgeben. Es wirkte wirklich festlich und fröhlich. Ich habe auch keine Sekunde gezögert, dorthin zu gehen, aber als die ersten Geigentöne zu mir durchdrangen, hätte ich schreien können. Ein prima Orchester, aus vielen bekannten niederländischen Musikern zusammengestellt. Es kam mir vor, als säße ich im Stadttheater. Nur saß ich dort normalerweise etwas weicher, denn hier gab es

Holzbänke. Aber wenn ich die Augen zumachte und nur zuhörte, konnten Einbildungskraft und Fantasie viel bewirken. Ein gelungener Abend, aber wirklich amüsiert habe ich mich nicht. Meine Gedanken waren immerzu in Moerdijk, wo die Männer in Unsicherheit darüber lebten, wann sie wohl zu ihren Frauen in Vught zurückkommen würden. Und wir Frauen dachten umgekehrt genauso darüber. Wir lebten in Anspannung, ob man uns nicht wieder zum Narren halten würde. Es war uns schon so oft versprochen worden, und jedes Mal wurden wir wieder aufs Neue enttäuscht. Trotzdem hatte der Abend viel Gutes bewirkt. Auf jeden Fall waren wir kurz aus dem täglichen Trott gekommen, und was könnte eine willkommenere Ablenkung sein als Musik? Es wurden auch einige sehr gute Vorträge gehalten, aber ehrlich gesagt hat mich das alles nicht so sehr gefesselt. In der Pause sprach ich mit einem früheren Kollegen, der mir rasch erzählte, er habe fünfundzwanzig Stockschläge bekommen, und dazu noch einige kräftige Schläge auf ein gewisses Körperteil. Immer, wenn gerade kurz etwas Schönes passierte, musste es einem von Dingen vergällt werden, die ich nicht hören wollte. Es schien wirklich, als hätte der Teufel seine Hand im Spiel. Kaum war ich kurz aus dem Alltagstrott heraus, brach eine kalte Dusche über mich herein wie ein ganzes Bad. Ich hörte mir an, was er erzählte, konnte aber nicht viel darauf antworten. Worte waren eigentlich überflüssig. Ich wusste doch schließlich, dass sich täglich solche Dinge ereigneten, aber niemand sie ändern konnte? Den einen Tag bekamen die Männer eine Tracht Prügel, und bei den Kabarettabenden standen die besten Plätze denen zu, die uns am meisten traten und erniedrigten. So auch an dem Abend, an dem ich selbst dort war. Ganz vorne saßen die *Aufseherin-nen* und lachten und klatschten, als wären sie unsere Freundinnen. Und wir wussten doch alle sehr gut, dass sie genau das nicht waren. Aber das Sprichwort ist tatsächlich wahr. Sehr oft müsste man eigentlich die Hand abhacken, die man küsst. Nun, wir saßen alle im selben Boot und mussten mitfahren. Und es geschahen so viele erstaunliche Dinge, dass es auf eines mehr oder weniger nicht ankam. Trotzdem musste ich immerzu daran denken, und als ich nach der Pause wieder auf meinem Platz saß, hatte ich das sichere Gefühl, dass alles, was ich sah und hörte, falsch war. Alles Komödie. Ich ging dann auch mit einem Gefühl der Unzufriedenheit nach Hause und sagte zu mir selbst, dass ich nichts versäumt hätte, wenn ich nicht gegangen wäre. Nun, der Abend war vorbei, und es war halb eins, als ich ins Bett ging und mit einem Gefühl der Unzufriedenheit über den festlichen Abend nachdachte. Hinzu kam noch, dass die Männer am Zaun ordentlich von ihren Frauen Abschied nehmen mussten. Das ist doch ein Haufen Wahnsinniger.

1. Juli

Was in den letzten Tagen alles passiert ist, kann ich mir kaum bewusst machen. Genau kann ich mich nur noch daran erinnern, dass ich auf Transport musste, weg aus Vught. Es sollte ein großer Transport abfahren, und zu dem sollten auch die fünfhundert Männer gehören, die aus Moerdijk zurückgekommen waren. Uns war so fest versprochen worden, dass alle Männer, die von dort zurückkamen, in Vught Arbeit bekommen würden. Alles Lüge und Betrug. Schon nach zwei Tagen wurde bekannt gegeben, dass sie auf Transport gehen mussten. Wieder Angst und große Bestürzung. Instinktiv spürte ich, dass ich auch dazugehören würde, und ich ging sofort in die *Schreibstube*, um nachzufragen. Dort stritten sie erst noch alles ab und behaupteten, dass mein Name überhaupt nicht auf der Liste stand. Mein Mann noch in Moerdijk und ich schon auf Transport. Daran wollte ich gar nicht denken, denn dann wurde ich ganz hilflos vor Kummer, und doch wusste ich, dass es so kommen musste. Den ganzen Tag gab es ein einziges Herumgerenne, und jeder kümmerte sich schnell um sein Gepäck. Die meisten wussten, dass sie würden gehen müssen, ohne dass man es ihnen sagte. Und dass ich selbst zu den Unglücklichen gehörte, hatte folgenden Grund: Man hatte mich in der Philips-Fabrik angenommen, aber plötzlich hörte ich, dass man einige von der Liste gestrichen hatte. Zu denen gehörte ich. Man hatte den Vormann der Fabrik in eine andere Abteilung versetzt. Die Administration war durcheinandergeraten, und es ließ sich nichts mehr daran ändern. Auf dem großen Platz hatte man mich erfasst. Also kannte ich mein Schicksal. Ich schrieb sofort einen Brief an die Philips-Fabrik und fragte, ob man mir irgendwie helfen könne. Ich wollte nicht ohne meinen Mann auf Transport, aber es war nicht zu ändern.

Viele Menschen haben sich noch für mich eingesetzt, aber nichts hat geholfen. Was sollte ich anfangen? Ich wusste es selbst nicht. In der Nacht hörte ich, wie mein Name aufgerufen wurde, und da wusste ich, dass es nicht mehr zu ändern war. Ich suchte mein Gepäck zusammen, aber ich war zu benommen, um alles gut zu regeln. Mein Mann allein und ich allein. Ich war todunglücklich. Stunden später bekam ich einen Brief aus Moerdijk, in dem mein Mann schrieb, dass er von dem bevorstehenden Transport erfahren hatte. Ich dürfe nicht versuchen, ihn zurückzuhalten; er werde alles dafür tun, mir zu folgen. Das war leicht gesagt. Er schrieb, ich müsse alles daransetzen, in Westerbork zu bleiben, bis er bei mir war. Ich wusste, dass dazu überhaupt keine Möglichkeit bestand, bis mir plötzlich einfiel, dass ich in Westerbork einen sehr guten Freund hatte. Der würde vielleicht etwas für mich tun können. Aber ich fühlte mich trotzdem elend und wusste nicht, was ich mit mir anfangen sollte. Eine große Gruppe Bekannter würde auch mitfahren, aber sie hatten zumindest noch den Vorteil, dass sie mit ihren Männern zusammen waren. Und ich war so unglücklich, weil mein Mann nicht mit ihnen aus Moerdijk zurückgekehrt war. Was für ein Elend. Stunden um Stunden war ich bei der Verwaltung und habe alles versucht, um nicht auf Transport zu müssen, aber ich hatte nicht die geringste Chance. Außerdem verfügte ich nicht über die richtigen Verbindungen, sonst hätte man wahrscheinlich wirklich etwas tun können. Im ganzen Lager hatte sich kein Deutscher blicken lassen. Wir hatten schon ein paarmal zueinander gesagt, dass sich da etwas zusammenbraute, denn während der vergangenen Tage hatte man uns ziemlich in Ruhe gelassen. Männer durften mit ihren Frauen zum Musikabend. Das ganze Lager war freigegeben. Und das einfach so, ohne Grund. Es hatte mir wirklich Angst eingejagt, und jedes Mal, wenn ich so ein Gefühl hatte, passierte dann auch tatsächlich etwas. Meine Ahnung hatte mich nicht getrogen. Kein Kind durfte mehr im Lager zurückbleiben. Bis dahin waren dort noch ein paar Hundert gewesen, aber nun würde man das Lager ganz leer machen. Es war wieder alles so schmierig und gemein. Als einige Wochen vorher die Frauen und Kinder auf Transport geschickt worden waren, wussten die Männer in Moerdijk nichts davon. Jetzt waren all diese Männer zurück nach Vught gekommen und mussten selbst auf Transport. War denn etwas Dreckigeres und Gemeineres vorstellbar als das, was sie jetzt wieder getan hatten? Warum hatte man die Männer nicht zusammen mit ihren Familien weitergeschickt? Ich hatte zwar gelernt, nicht mehr nach dem Wie und Warum zu fragen, aber manchmal vergaß ich das auch. Wie traurig all diese großen Kerle dreinschauten, als sie aus Moerdijk zurückkamen. Keine einzige Frau im Lager wusste, ob ihr Mann dabei sein würde, also mussten alle abwarten. Wir hatten einige Tage in Anspannung gelebt. Keine von uns hatte noch damit gerechnet, ihren Mann wiederzusehen, solange der Krieg dauerte. Und als es plötzlich hieß, die Männer aus Moerdijk kämen zurück, kann man sich vorstellen, wie uns unter den gegebenen Umständen zumute war. Uns wurde mitgeteilt, sie würden abends eintreffen, aber davon konnte keine Rede sein. Wir glaubten schon nicht mehr daran, aber am folgenden Morgen hörten wir, dass sie doch gekommen waren. Fünfhundert echte eigene Männer waren nachts zurückgekehrt. Ich selbst gehörte zu den Ersten, die einen Brief bekamen, und alle freuten sich schon für mich, dass ich die erste Glückliche war. Aber weil ich selbst immer ziemlich ruhig und beherrscht war und instinktiv fühlte, dass mein Mann nicht dabei war, nahm ich gefasst meinen Brief entgegen und sah, dass er noch aus Moerdijk kam, dass mein Mann ihn also einem Kollegen mitgegeben hatte. Sehr enttäuscht war ich nicht, aber ich fand es doch sehr traurig. Meine Schlafgenossin, deren Mann anders als meiner zurückgekommen war, hatte den Brief für mich mitgenommen. Am Mittag sahen sich die Frauen und Männer wieder. Sie begrüßten einander, als sei der Krieg zu Ende. Mir ging es plötzlich sehr schlecht (eine Art Nervenanfall), und ich sah sie zwischen den Baracken stehen. Eigentlich durften die Männer und Frauen noch gar nicht zusammenkommen, weil die Männer noch nicht entlaust waren. Sie mussten sofort in den Baracken an die Arbeit, durften ihre Frauen aber nicht begrüßen. Das konnten sich doch nur Wahnsinnige ausgedacht haben? Männer und Frauen, die sich drei Monate lang nicht gesehen hatten, mussten aneinander vorbeigehen. Sie ließen sich durch keine Bedrohung beeindrucken und taten, was sie wollten, als ob es keine *Aufseherinnen* und Kommandanten gäbe. Zu dieser Zeit lag ich mit kalten Kompressen auf dem Kopf da, denn ich hatte einen heftigen Nervenanfall bekommen. Richtig weinen musste ich nicht, aber ich hatte ein Gefühl in der Brust und im Hals, als müsste ich ersticken. Alles in mir krampfte sich zusammen, und ich konnte keinen Laut von mir geben. Meine

Freundinnen bekamen Angst und holten Hilfe. Ich sollte Medikamente schlucken, aber das konnte ich nicht. Der Krampf saß mir zu stark im Hals. Ich zitterte am ganzen Leib. Man rieb mir die Schläfen, und endlich wurde ich etwas ruhiger. Ich hatte das Gefühl, wirklich eine Zeit lang ohnmächtig gewesen zu sein, denn von dem, was man zu mir sagte, kam nichts bei mir an, und später konnte ich mich an nichts mehr erinnern. Nur die Jubelschreie der Männer und Frauen, die sich begrüßten, waren zu mir durchgedrungen, und ich konnte spüren, wie neidisch ich war. Ich wollte mit niemandem reden und bat darum, sie sollten mich in Ruhe lassen. Ich hätte auch ins Krankenhaus gehen können, aber das lehnte ich ab. Im Krankenhaus in Vught wollte ich wirklich am allerwenigsten liegen. Man hatte ein sehr schönes Krankenhaus gebaut, ganz und gar zeitgemäß eingerichtet. Wie dumm waren die Juden, die dachten, es würde eines Tages ihnen zur Verfügung gestellt werden. Ich hatte darüber schon gelacht und meine Meinung kundgetan, dass man das Krankenhaus für uns nie öffnen würde. Ich ging davon aus, dass man, wenn es tatsächlich fertig war, alle Juden auf Transport schicken würde, und ich glaube, ich habe mich nicht getäuscht. Also warum sollte ich in den Krankensaal gehen, wo es praktisch keine medizinische Hilfe gab? Alle Medikamente befanden sich dort, wo wir sie doch nicht erreichen konnten. Mit viel Mühe war es mir zweimal gelungen, Luminalpulver zu bekommen, und dafür musste ich so viel reden, dass ich mich irgendwann schrecklich langweilte und nicht mehr in die Klinik ging. Am Abend nach der Ankunft in Vught durften die Männer ihre Frauen besuchen, und was ich da zu hören bekam, grenzte wieder ans Anomale. Um zwölf Uhr nachts wurden fünfhundert Namen aufgerufen, und innerhalb von zehn Minuten mussten die Männer reisefertig sein. Sie wussten nicht, wo sie landen würden, denn alles ging sehr geheimnisvoll vor sich. Man munkelte etwas von Westerbork, denn niemand dachte an Vught. Man hatte ihnen nämlich nichts gesagt. Also auch dort Schrecken und Entsetzen, als sie sich plötzlich so beeilen mussten. Auch diese Männer mussten wieder Stunden der Angst durchstehen. Während also in Vught bereits Gerüchte die Runde machten, dass die Männer aus Moerdijk zurückkamen, wussten sie selbst noch von gar nichts. Ihre Freude war deshalb grenzenlos, als sie herausfanden, dass sie zu ihren Frauen nach Vught fahren sollten. Es hieß, der Rest werde einige Tage später kommen. Ich glaubte das schon, war aber fest davon überzeugt, dass ich dann schon weg sein würde. Und tatsächlich war es auch so. Alle, die auf Transport mussten, hatten sich reisefertig gemacht. Um elf Uhr am Abend sollte der Transport aufbrechen, aber schon mittags um halb eins mussten wir ins Männerlager umziehen. Alle meine Bekannten, die zurückbleiben sollten, brachten mich zu der anderen Baracke, und da ging die Hölle wieder los. Überall Gepäck und ein großes Durcheinander, das reinste Chaos. Ich nutzte meine letzte Chance, noch einmal zur Verwaltung zu gehen und dort nachzufragen, ob ich noch für kurze Zeit zurückgestellt werden könne, aber als ich dort ankam, war der *Lagerkommandant* gerade damit beschäftigt, einige Schläge und Ohrfeigen zu verteilen. Da verließ mich der Mut, und ich beschloss, nichts mehr in der Sache zu unternehmen. Es war sowieso völlig hoffnungslos. Um halb fünf sollten wir zum Bahnhof aufbrechen. Erst machte man noch ein bisschen Jagd auf die wenigen Kleidungsstücke, die wir noch hatten, denn wir durften auf keinen Fall zu viele in unserem Besitz haben. Es wurde uns noch eine ganze Menge abgenommen, aber ich behielt alles bei mir. Ich ließ mir nicht mit einem Transport Angst einjagen – was konnte mir schließlich jetzt noch geschehen? Ich gab nichts mehr von meiner Kleidung her. Die Männer aus Moerdijk sahen heruntergekommen aus. All ihre Kleidung hatte man beschlagnahmt, denn alles war ins SS-Magazin gebracht worden. Als sie dann auch aus Moerdijk zurückkamen, gab man ihnen einfach ein paar Kleidungsstücke, die die Deutschen wieder aus anderen Rucksäcken geholt hatten. Was dort im SS-Magazin vor sich ging, war ein einziger groß angelegter Diebstahl. Rucksäcke bekamen wir keine mehr mit, die meisten von uns hatten also sehr wenig Gepäck. Die Moerdijker hatten nicht einmal mehr Decken. Auch die hatte man ihnen abgenommen, als sie zurückgekommen waren. Ich glaube, dass ich die Einzige war, die noch all ihre Kleidungsstücke in ihrem Besitz hatte. Ich habe mir nie Angst machen lassen. Angst hatte ich nur, als ich gerade erst im Lager angekommen war. Das deutsche System war schließlich nichts anderes als Geblaffe und Geschrei. Nun muss ich dazusagen, dass sie uns bei jeder Mitteilung sehr laut anschrien. Das flößte natürlich vielen ziemlich große Angst ein. Mir machte es nichts aus, und damit hatte ich erreicht, dass ich noch alles besaß, während man den anderen fast alles abgenommen hatte.

Dann gingen wir zum Tor, denn der Transport begann. Die Baracken waren wieder ein Sinnbild der Emigration. Ich fand es deswegen auch überhaupt nicht schlimm, dass wir aufbrechen sollten. Ein solches Bild wollte ich lieber so schnell wie möglich wieder vergessen. Mich überkam dann immer ein Gefühl der Ohmacht, und der Anblick des Ganzen machte mich schwach. Wir schleppten unser Gepäck ans Tor, und dort sah ich wieder eine schreckliche Szene. Der ganze Stab hatte sich dort aufgestellt, und wir mussten uns fotografieren lassen, während sie lachten und Witze darüber machten, dass man wieder so viele Juden quälte. Wir wurden schön ordentlich in Fünferreihen aufgestellt. Ganze Massen von Autobussen kamen an und fuhren wieder ab. Der Platz war voll mit uns, die wir wegmussten. Ich konnte mich nicht mehr beherrschen, und plötzlich schluchzte ich nur noch. Schließlich war der Stab im Vergleich zu der Anzahl Juden nur eine kleine Gruppe. Und wir mussten uns alles gefallen lassen. Jeden Spott und jeden Hohn mussten wir hinnehmen, und das, obwohl wir so viele waren. Aber sie waren die bewaffnete Macht, und wir unbewaffnete Juden. Wie viel Spaß sie bei allem, was sie uns antaten, wieder hatten. Durch einen Tränenschleier hindurch stieg ich in den Autobus, und wir fuhren ab, über prächtige Straßen, an schönen Villen entlang, und dann ist es schwer, sich klarzumachen, dass man eine Gefangene ist. Wie ich die Menschen beneidete, die ich dort spazierengehen sah. Einige winkten uns zu, aber das wurde von der holländischen SS verboten, die in jedem Autobus mitfuhr. Die Fahrt war prächtig, und so unglaublich es auch klingt – die Menschen verspürten plötzlich wieder Lust am Leben. Ich sah genau, wie sie auflebten, und bemerkte das auch an mir selbst. So tief unglücklich ich auch war, dass ich ohne meinen Mann wegmusste, spürte ich doch tatsächlich, wie mein Mut wieder ein wenig auflebte, und die Natur war zu schön, als dass man sie hätte ignorieren können. Diesem Gefühl konnte ich mich nicht verschließen. Ich musste mir das alles anschauen, und das tat ich so lange, bis ich nicht mehr konnte. Ein prächtiger Wald, und wie herrlich es dort roch. Was hätte ich nicht darum gegeben, dort einen schönen Spaziergang machen zu können! Wie oft hatte ich mich nicht danach gesehnt? Und nun fuhren wir als Gefangene dort hindurch. Durch denselben Wald, in dem wir die Steine geschleppt hatten. Dieser Abend stand mir plötzlich wieder vor Augen, und ich dachte an die Erniedrigung, die man uns damals angetan hatte. Nichts als Beleidigungen hatten wir empfangen. Hohn und Spott. Und trotzdem fand ich es schade, dass ich aus Vught wegmusste. Seltsam, wie man sich an etwas gewöhnen kann, auch wenn die Situation noch so schlimm ist. Aber für mich war der Aufbruch so schrecklich, weil ich meinen Mann zurücklassen musste. Und ich wusste ja auch überhaupt [nicht], wie es in Westerbork sein würde? Ich seufzte nur und holte tief Luft, um den leckeren Waldduft einzuatmen. Ganz wunderbar war das, und ich fand es fast schade, als die Fahrt vorbei war. So eine große Menschenmasse auf dem Bahnsteig, und der Zug sollte noch lange nicht abfahren. Er war noch nicht einmal angekommen. Es sollte noch Stunden dauern, bevor wir abfuhren. Langsam kam ich wieder ein wenig zu mir und entwickelte ein bisschen mehr Interesse an den Dingen, die um mich herum geschahen. Ich hielt mich etwas abseits von den anderen und schaute, ob sich womöglich die Gelegenheit zur Flucht ergab. Langsam ging ich den Bahnsteig in die Richtung hinunter, in die ich die Leute laufen sah. Ich glaubte wirklich, eine Chance zu haben, aber bald wusste ich es besser, denn plötzlich stand ich zwei Militärpolizisten gegenüber, die auf mich zukamen und fragten, wohin ich denn wolle. Ich antwortete, ich wolle nach Hause, denn in diesem Augenblick kam mir nichts anderes in den Sinn. Ich musste mit ihnen dorthin zurückgehen, wo alle meine Bekannten standen, also hatte es mir nichts genutzt. Und doch hatte ich nur einen Wunsch: zu entkommen. Etwas anderes wollte ich nicht. Plötzlich sah ich eine Bekannte, mit der ich früher viel Zeit verbracht hatte. Ich erkundigte mich nach ihrem Kind, und sie erzählte mir, dass es gestorben sei. Ihr Kind war mit acht Monaten an einem heftigen Fieber gestorben. Ich gab ihr die Hand und stellte mich ein Stück von ihr weg. Es wurde sehr voll auf dem Bahnsteig, denn immer noch kamen Autobusse an und fuhren wieder ab. Man brachte Stühle, und viele von uns konnten sich hinsetzen. Endlich rollte der Zug heran, und wir konnten einsteigen. In jeden Waggon passten 60 Personen, mit den beiden Polizisten, die uns bewachen mussten. Wir wurden auf den Boden gesetzt, und inzwischen kamen Männer vom Judenrat mit Lebensmitteln für die Abfahrenden. Ich kann es nicht anders sagen, die Versorgung war außergewöhnlich gut. Und während sie uns bedienten, steckten wir ihnen Briefe zu, die wir verbotenerweise geschrieben hatten und die sie für uns in die Post geben sollten. Und tatsächlich taten sie sehr viel für uns. Selbst die Polizei, die dabeistand und sah, dass wir den anderen Briefe aushändigten, lachte darüber, und die Herren halfen uns dabei, die Briefe weiterzuleiten. Von diesen Menschen haben wir sehr viel Sympathie erfahren, und sie waren uns auch sehr zu Diensten. Sie halfen uns, wo immer sie uns nur helfen konnten. Wir hatten Schalen mit warmem Essen bekommen und die leeren Schalen ordentlich an den Gleisen entlang aufeinandergestapelt. Da kamen zwei Männer von der holländischen SS, die sehr schimpften und sagten, dass wir den Krempel an unser ideales Ziel mitnehmen sollten. Nach Westerbork. Das fand ich so lustig, dass ich plötzlich trotz meines Kummers laut lachen musste. Westerbork als idealer Ort. Es war wirklich zu komisch. Der SS-Mann warf mir einen vernichtenden Blick zu und hätte mich, denke ich, gern nach Polen geschickt. Sein Blick sagte mir genug, aber was konnte er mir schon tun? Die Schalen mussten mit in den Zug, aber kaum waren die Männer außer Sichtweite, holte die Polizei das Zeug wieder aus dem Wagen und schmiss es ärgerlich auf die Gleise. Ich fand das als Reaktion doch ziemlich deutlich, denn einer unserer beiden Bewacher war derjenige, der mich auf dem Bahnsteig angehalten hatte. Ich setzte mich auf das Trittbrett, um auf diese Weise noch ein wenig frische Luft zu bekommen. Es wurde schon dunkel, und plötzlich hörte ich, wie hinter mir jemand sagte: «Warum schauen Sie denn so traurig?» Ich sah auf und in das Gesicht des obengenannten Polizisten. Er blickte mich fragend an, aber ich konnte ihm keine Antwort geben. Ein Gefühl des Erstickens schnürte mir die Kehle zusammen. Ich dachte an meinen Mann, der vielleicht schon meine Abschiedsbriefe erhalten hatte, und ich konnte mich so gut in seine Situation hineinversetzen. Ich hörte kaum, was der Mann zu mir sagte, aber aus Höflichkeit fragte ich ihn, was er von mir wolle.

Ich hatte anscheinend einen ziemlich hilflosen Eindruck auf ihn gemacht, und er fragte, ob er etwas für mich tun könne. «Ja», sagte ich. «Sie können etwas für mich tun. Geben Sie mir die Gelegenheit, von hier wegzukommen.» Ich fand das ziemlich direkt von mir, aber was hatte ich denn noch zu verlieren? Er sagte, das sei gefährlich, aber wenn sich wirklich eine Gelegenheit biete, werde er mir gerne helfen. Aber es gab keine. Das sah ich selbst schnell genug ein. Er unterhielt sich ein wenig mit mir und sagte, dass die ganze Sache nicht mehr sehr lange dauern werde. Die Radionachrichten waren sehr günstig, aber was nutzte mir das? Obwohl ich es in Vught abscheulich gefunden hatte, tat es mir leid, dass ich fort musste. Ich hätte dort so gerne auf meinen Mann gewartet. Endlich gab man das Zeichen zur Abfahrt, und der Zug setzte sich in Bewegung. Ich spürte, wie mir die Tränen auf die Hände fielen, aber mit einem Mal nahm ich meine ganze Energie zusammen, warf meinen ganzen Kummer von mir ab und setzte mich im Schein einer Kerzenflamme hin, um ein paar Dinge aufzuschreiben. Der Waggon wirkte geisterhaft. Stampfende Räder und flackernde Kerzenflammen. Um mich herum überall Menschen. Viehtransport. Oder besser gesagt: Transport von Menschen in Viehwagen. Wir fügten uns in die Situation, so gut es ging. Und da fuhren wir nun. Nach Westerbork. Ungefähr sechs Stunden saßen wir im Zug, und ich kann nichts anderes sagen, als dass die Stimmung sehr gut, ja sogar fröhlich war. Einige begannen zu singen, und bald stimmten andere mit ein. Die Polizei war sehr nett zu uns. Die Männer waren extra aus Den Haag abkommandiert worden, um den Transport nach Westerbork zu begleiten. Viel sahen wir nicht, denn die Waggontür war nur einen Spalt geöffnet. Außerdem war es schon Nacht geworden. Ein paar Mal hielt der Zug unterwegs, und ich ging wieder auf Inspektionstour, um zu sehen, ob ich irgendwie wegkam. Ich hatte es noch nicht aufgegeben. Ich wollte alles riskieren, denn zu verlieren hatte ich sowieso nichts mehr. Aber es gelang mir nicht. Der eine Polizist, der andauernd auf mich aufgepasst hatte, kam zu mir und sagte, es ginge nicht. Wenn es irgendwie möglich gewesen wäre, hätte er mir geholfen, aber ich sah selbst ein, dass es nicht klappen würde. Ich fügte mich also in mein Schicksal und entschied, dann also zu versuchen, in Westerbork zu bleiben, solange mein Mann noch in Moerdijk war.

Endlich, etwa um fünf Uhr morgens, kamen wir in Westerbork an.

4. Juli

Ankunft in Westerbork

Welch andere Art der Ankunft erlebte ich hier im Vergleich zu der damals in Vught. Am Bahnsteig erwarteten uns Männer und Frauen, die uns zur Begrüßung zuwinkten. Das fanden wir sehr nett. Männer und Frauen zusammen. Das waren wir Vughter nicht mehr gewohnt. Der erste Eindruck, den ich von Westerbork bekam, war also wirklich nicht der schlechteste. Ich hatte sogar das Gefühl, wieder in die Zivilisation zurückgekehrt zu sein. In Wirklichkeit war das natürlich überhaupt nicht der Fall, denn ich kam von einem Lager ins andere. Aber nie hatte ich stärker das Gefühl gehabt, aus einem Konzentrationslager gekommen zu sein. Keine Schreienden, keine NSB-Frauen[*], die uns herumscheuchten und anschnauzten, sondern anständige Menschen, die sehr freundlich und sofort bereit waren, dort zu helfen, wo es nötig war. Wir wurden noch einmal ordentlich in Fünferreihen

---

[*]   NSB = Nationaal-Socialistische Beweging in Nederland. Siehe im Glossar unter «NSB».

aufgestellt, und dann gingen wir zur Erfassung. Ich sagte noch, dass ich wirklich gerne registriert werden wollte, weil das schon so lange nicht mehr geschehen war. Ich hatte damit auch noch Erfolg, denn die Polizisten, die uns begleitet hatten, mussten darüber lachen. Sie verabschiedeten sich herzlich von uns, und als der eine mir die Hand drückte, sprach er von einem baldigen Wiedersehen in Amsterdam. «Wie naiv Sie doch sind», antwortete ich. Aber er sagte, er meine es ernst. «Dann will ich es Ihnen glauben», rief ich noch zurück. Ein Glück, die Reise hatten wir zumindest hinter uns. Ende der ersten Etappe.

Da standen wir also, schlaftrunken und zitternd in der Nachtkälte. Wirklich behaglich war mir nicht zumute, und es sollte noch eine ganze Weile dauern, bevor ich in ein Bett kriechen konnte. Vor dem Registrierungsgebäude mussten wir stundenlang warten. Daran hatten wir uns so langsam alle schon gewöhnt, aber immer, wenn sich so etwas wieder ereignete, schien es mir ermüdender. Und so viele bekannte Gesichter. Zuerst sah ich einen guten Bekannten, der in der Verwaltung arbeitete. Diesen Mann brauchte ich, denn mein Mann hatte immer wieder aus Moerdijk geschrieben, dass ich mich, wenn ich einmal nach Westerbork käme, sofort nach diesem Bekannten erkundigen müsse. Es fügte sich denn auch prächtig, dass ich gerade ihm begegnete. Er war darüber erstaunt, dass ich ohne meinen Mann aus Vught gekommen war, aber als ich ihm alles erzählt hatte, verstand er es besser. Er versprach, alles für mich zu tun, was in seiner Macht stand, und er fing damit an, indem er mir einen Brief für einen Arzt gab. Dort wollte ich am folgenden Tag hin. Am Dienstag sollte ein Transport aus Westerbork abfahren, aber mir wurde versichert, dass ich nicht dazugehören würde. Was das betrifft, war ich dann auch beruhigt. Ich litt inzwischen wieder unter heftigen Speiseröhrenkrämpfen, so heftig, dass ich beinahe vier Tage nichts hatte essen oder trinken können. Und während wir vor dem Verwaltungsgebäude standen und warteten, fühlte ich, wie mir übel und schwindlig wurde, und ich versuchte zum x-ten Mal, ein Butterbrot zu essen. Jedoch ohne Erfolg. Meine Speiseröhre wollte sich einfach nicht öffnen. Ratlos gab ich auf. Den ganzen Morgen irrten wir durch das Lager. Wurden von einem Tisch zum anderen geschickt. Ich weiß nicht, wie oft man meinen Namen an diesem Tag aufgeschrieben hat. Schließlich war ich es leid. So kam ich endlich zu Lippmann Rosenthal[*], wo ich vor Schreck beinahe in Ohnmacht fiel. Als ich vor dem Tisch stand, wurde ich gefragt, ob ich Geld bei mir hätte. Das hatte ich sehr wohl, aber als ich zu Lippmann kam, war das nicht mehr der Fall. Eine junge Rotznase von ungefähr achtzehn schnauzte mich an: «Geld.» «Nein», antwortete ich. Dann musste ich in ein Zimmer gehen, und dort befanden sich ein deutscher Offizier und ein Holländer, vermutlich ein NSBler[**]. Ich trug eine große Tasche am Arm, in der oben eine kleine Handtasche lag. Ehe ich wusste, wie mir geschah, hatte der Deutsche diese aus meiner großen Tasche geholt und begann darin herumzuschnüffeln. Er sagte, ich hätte Geld versteckt, aber ich antwortete, ich hätte kein Geld, denn ich sei gerade drei Monate in Vught gewesen. Er schaute mich ungläubig an und wühlte weiter alles durch. Ihm fiel ein Notizbuch in die Hände, in dem ich ein paar Gedichte aufgeschrieben hatte, die den Deutschen gegenüber nicht gerade schmeichelhaft waren. Er blätterte es durch, las hier und da eine Zeile, sagte aber nichts. Ich stand tausend Ängste aus, denn ins Futter meiner großen Tasche hatte ich meine ganzen Aufzeichnungen

---

[*]   Eine «Scheinbank» zur Enteignung der niederländischen Juden. Siehe im Glossar unter «Lippmann, Rosenthal & Co.».

[**]   NSB = Nationaal-Socialistische Beweging in Nederland. Siehe im Glossar unter «NSB».

aus der Zeit in Vught eingenäht. Er kramte weiter herum, und ich schloss kurz die Augen, weil ich es nicht mehr mitansehen konnte. Zu mir selbst sagte ich schon, dass ich die Tasche sicher los wäre. Und dann der Inhalt ... Aber ich hatte Glück. Er drückte mir meine Papiere wieder in die Hand und sagte, ich könne gehen. Ein paar Sekunden später stand ich draußen und beglückwünschte mich selbst dazu, wie gut alles gelaufen war. Das war ein kritischer Augenblick für mich gewesen. Draußen standen die Bekannten, mit denen ich aus Vught gekommen war, und alle stürmten auf mich zu. Sie wussten, was ich in meiner Tasche versteckt hatte, und warteten voll ängstlicher Anspannung auf mich. Sie freuten sich für mich, dass alles so gut ausgegangen war.

Das geheime Tagebuch
einer jüdischen Näherin

Von Ad van Liempt

Mittwoch, 16. Januar 2008. Yfke Nijland und Suzanne Hendriks recherchieren im Museum für Jüdische Geschichte in Amsterdam für die niederländische Fernsehserie *De Oorlog* («Der Krieg»). Sie suchen nach geeignetem und bisher weniger bekanntem Material für die Sendung zur Judenverfolgung. Der Archivmitarbeiter Peter Buijs zeigt ihnen verschiedene Dokumente und weist sie schließlich mit den Worten «Das hier ist auch sehr interessant» auf ein noch unbekanntes anonymes Tagebuch hin, das ein paar Jahre zuvor beim Museum abgegeben wurde. Nijland fängt an zu lesen und kann nicht mehr aufhören.

Es ist der Bericht einer jungen jüdischen Frau über ihre Verhaftung im März 1943 und ihre Gefangenschaft. Detailliert schildert sie, wie sie zusammen mit Hunderten anderen Amsterdamer Juden zunächst in der Hollandsche Schouwburg, einem als «Sammelstelle» zweckentfremdeten Theater, festgehalten wird. Während die meisten anderen von hier aus gleich in das Durchgangslager Westerbork und dann weiter in ein Vernichtungslager im Osten deportiert werden, kommt die Autorin mit ihrem Mann zunächst für drei Monate in das Konzentrationslager Herzogenbusch, Kamp Vught auf Niederländisch, bevor auch sie nach Westerbork «transportiert» wird. In Westerbork endet das Tagebuch am 4. Juli 1943. Wenige Tage später wird sie – so wie Tausende andere niederländische Juden – in einem Vernichtungslager umgebracht.

Trotz der Qualen, die sie in Vught erdulden muss und die noch von chronischen Krämpfen der Luftröhre verstärkt werden, beobachtet und beschreibt die Verfasserin sehr genau. Die Sprache des Tagebuchs ist direkt und teilweise rau. Hier berichtet eine Frau, die bereit ist, um ihr Leben zu kämpfen. Als «dreckig und verbrecherisch» bezeichnet sie die Art und Weise, wie alte Menschen aus dem Haus geschleppt werden. Schonungslos schildert sie die Erniedrigungen und Beleidigungen, die bei ihr und ihren Leidensgenossen ein tiefes Gefühl der Ohnmacht und der Verbitterung auslösen. Es ist das wütende Tagebuch einer wütenden Frau. Aber weil sie ihren Gefühlen oft in ironischen und witzigen Bemerkungen Luft macht, ist der Text bei aller Dramatik teilweise in einem erstaunlich leichten Ton geschrieben.

Die Aufzeichnungen beginnen mit ihrer Verhaftung am 22. März 1943. Die Verfasserin rechnete schon seit Monaten damit, aus ihrem Haus in Amsterdam abgeholt zu werden. Sie und ihr Mann hatten sich nicht freiwillig gemeldet, obwohl alle Juden dazu verpflichtet waren, wollten aber auch nicht untertauchen. Zwei Männer erscheinen an der Tür. Sie kommen von der Zentralstelle für jüdische Auswanderung, dem Amsterdamer Büro der deutschen Sicherheitspolizei und des Sicherheitsdienstes. Höchstwahrscheinlich handelte es sich um Mitglieder der Kolonne Henneicke, Mitarbeiter der Zentralstelle, die seit dem 1. März 1943 Juden aufspüren und verhaften sollten. Für jede Person, die sie bei der Hollandsche Schouwburg an der Plantage Middenlaan schräg gegenüber des Zoologischen Gartens Artis ablieferten, durften sie eine Prämie von 7,50 Gulden erwarten. Diese Kopfgeldjäger arbeiteten in der Kriminal-Abteilung der Zentralstelle und nannten sich offenbar selbst «Kriminalpolizisten», denn dem Tagebuch zufolge sagt einer der beiden «Wir Kriminalpolizisten». Das Tagebuch beschreibt genau die Verhaftung und das Benehmen der «Judenfänger». Dass eine solche Szene schriftlich festgehalten wurde, ist einmalig.

Die Frau erklärt ihren Besuchern, sie bewohne das Haus allein mit ihrem Mann, aber man glaubt ihr nicht:

> «Das ist gelogen, Jüdin», tobte der Kerl und befahl mir, ich solle mich hinsetzen. «Los, da hin.» Und er zeigte auf einen Sessel. Der Kerl war so unglaublich gemein; er tat nichts anderes als zu schimpfen, was eine sehr beruhigende Wirkung auf mich hatte, denn ich blieb stehen, schaute den Kerl nur kalt an und sagte: «Nein, mein Herr, ich bleibe stehen. Noch bin ich in meinem eigenen Haus, und hier bin ich bisher immer selbst die Herrin gewesen.»

Bemerkenswert ist, dass einer der «Beamten» während der Verhaftung am Klavier Platz nimmt und einige Takte spielt. Es könnte sich um den Musiker Ben van E. gehandelt haben, der als Arbeitsloser bei der Kolonne Henneicke gelandet und an mindestens 77 Verhaftungen beteiligt war. Soweit bekannt, hatten die anderen «Judenfänger» keine so ausgeprägte kulturelle Neigung. In der Strafakte, die man nach dem Krieg über ihn anlegte, finden sich allerdings keine Hinweise auf die hier beschriebene Verhaftung.

Die Frau und ihr Mann müssen mitkommen, zunächst zur beschlagnahmten Schule am Adama van Scheltemaplein, wo sich das Büro der «Judenfänger», die «Zentralstelle», befand. Nach einer Nacht in einer überfüllten Turnhalle, in der sich Dutzende verhaftete Juden aufhalten, bringt man das Ehepaar in die Hollandsche Schouwburg. Dort werden sie zusammen mit zahlreichen anderen Juden, die auf ihre Deportation warten, zusammengepfercht, im wahrsten Sinne des

Wortes «eingelagert». Das Tagebuch beschreibt, welch entsetzliches Gedränge dort herrscht. Gerade im März 1943 hatten die Nationalsozialisten ein Prämiensystem eingeführt. «Judenfänger» der Kolonne Henneicke und eine Abteilung der Polizei spürten mit großem Erfolg Juden auf, die sich noch nicht gemeldet hatten. In der Woche vom 18. bis 24. März lieferten sie 1034 Personen ab, ein «Rekord». Die Zahl findet sich in einem von Henneicke persönlich verfassten Dokument. Später waren die wöchentlichen Zahlen stark rückläufig.

In dem Theater, das bis zum Bersten gefüllt ist, spielen sich ergreifende Szenen ab, über die es in der Literatur nur sehr wenige Zeugnisse gibt. Dem Tagebuch kann man entnehmen, wie sehr sich die Verfasserin ärgert, über das Verhalten der Bewacher und über die Art, wie auch hochbetagte Menschen auf ihren «Arbeitseinsatz» vorbereitet werden:

> Bei den jungen Menschen konnte ich es mir dadurch erklären, dass sie arbeiten konnten, aber was ich da hereinkommen sah, war furchterregend. Alte, Verkrüppelte, Lahme und Blinde um die neunzig Jahre oder nicht viel jünger. Der eine hilfloser als der andere. Wollte man diese Menschen arbeiten lassen? So hieß es doch zumindest? Es war ganz offensichtlich, dass hier etwas Dreckiges, Verbrecherisches vor sich ging, und die Stimmung hatte ihren Tiefpunkt erreicht. Ich sah alte Menschen, die aus Angst vor dem weinten, was ihnen bevorstand.

Vom Theater aus werden die Frau und ihr Mann nicht – wie die meisten anderen – in das «Polizeiliche Judendurchgangslager Kamp Westerbork» etwa 40 Kilometer südlich von Groningen gebracht, sondern in das nur zwei Monate zuvor eröffnete «Konzentrationslager Herzogenbusch», das südlich von 's-Hertogenbosch (Den Bosch) bei dem kleinen Ort Vught liegt und in den Niederlanden «Kamp Vught» genannt wird. Ihnen wird gesagt, sie hätten es damit viel besser getroffen als mit Westerbork. Das stimmt insofern, als eine direkte Depor-

Ankunft von jüdischen Gefangenen am Bahnhof Vught am 9. April 1943.
Die Aufnahmen wurden heimlich gemacht.

tation nach Polen von hier aus weniger wahrscheinlich war als von Westerbork aus, doch die Haftbedingungen in Vught waren katastrophal. Die Verfasserin durchlebt eine grauenhafte Zeit.

Anfang Juli wird die Frau ohne ihren Mann, der Grabungstätigkeiten im Außenlager Moerdijk verrichten muss, nach Westerbork verlegt. Alle Versuche der Eheleute, zusammenzubleiben und gemeinsam deportiert zu werden, scheitern. Bei der Ankunft der Verfasserin in Westerbork wird das Tagebuch beinahe entdeckt: «Ich stand tausend Ängste aus, denn ins Futter meiner großen Tasche hatte ich meine ganzen Aufzeichnungen aus der Zeit in Vught eingenäht.» Der kontrollierende Beamte tut seine Arbeit glücklicherweise nicht besonders gründlich. Mit erleichterten Worten über die Rettung ihrer Aufzeichnungen endet der Bericht.

Nach der Lektüre des Tagebuchs versuchten Yfke Nijland und Suzanne Hendriks, die Identität der Verfasserin zu klären. Einige Details waren bekannt: zum Beispiel das Verhaftungsdatum am 22. März 1943 und der Tag, an dem die Frau und ihr Mann nach Vught gebracht wurden – dabei muss es sich um den 2. April gehandelt haben –, außerdem der Tag des Transports von Vught nach Westerbork, vermutlich der 2. Juli. In den Archiven von Vught und Westerbork gibt es mehrere Transportlisten mit den Namen der Deportierten. Durchsicht und Vergleich der Listen führten jedoch zu keinem Ergebnis. Inzwischen beteiligten sich auch Mitarbeiter der Gedenkstätten in Vught und Westerbork, des Amsterdamer Museums für jüdische Geschichte (Joods Historisch Museum) und des Roten Kreuzes, das ebenfalls über viele persönliche Daten der Opfer verfügt, an der Suche. Nijland und Hendriks lasen das Tagebuch immer wieder und suchten nach neuen Anhaltspunkten. Auch Akten von «Judenfängern» aus dem Nationalarchiv der Niederlande wurden studiert. In einigen Akten befinden sich

Listen der verhafteten Juden, die in den Gerichtsverfahren gegen Kriegsverbrecher verwendet wurden. Doch alle Bemühungen waren vergeblich.

Ende September 2008, nach Monaten des Suchens, wurden die Forscher endlich fündig. Der Schlüssel war ein Tagebucheintrag vom 15. Juni 1943: «Heute hat meine Schwester Geburtstag. Schon fast ein Jahr ist es her, dass sie von mir getrennt wurde, und seitdem habe ich nichts mehr von ihr gehört. An Geburtstagen, so scheint es, spürt man die Familienbande noch stärker als sonst.» Der Geburtstag der Schwester: Mit Hilfe der Webseite «Digitaal Monument», auf der man die Namen aller niederländischen Holocaustopfer findet, erstellte Suzanne Hendriks eine Liste von zehn Frauen, die zwischen 1885 und 1925 an einem 15. Juni geboren worden waren. Diese wurde im nächsten Schritt mit der Transportliste des Zuges von Vught nach Westerbork vom 2. Juli verglichen. Schließlich blieb nur ein einziger Name übrig: Klaartje Walvisch, 1943 zweiunddreißig Jahre alt, Ehefrau von Joseph de Zwarte. Sie hatte eine Schwester namens Rachel, die am 15. Juni 1916 geboren worden war. Die Forscherinnen riefen Els van der Meer vom Zentrum der Gedenkstätte Vught an, die sich ebenfalls intensiv mit der Frage nach der Identität der Verfasserin beschäftigte. Sie war etwa gleichzeitig zum selben Ergebnis gekommen, und zwar ebenfalls über das Geburtsdatum der Schwester Rachel: Klaartje de Zwarte-Walvisch musste die Gesuchte sein.

Dieses Ergebnis wurde anhand weiterer Angaben überprüft: Das Tagebuch enthält nur sehr wenige Namen, aber eine «Schwester Ans» wird erwähnt. Klaartje de Zwarte-Walvisch schreibt am 6. Juni über sie, dass sie «schon so viel Schlimmes durchmachen» musste. Das musste Anna Tas-Walvisch sein. Ihr Mann, Bernard Tas, war bei einer Razzia im Februar 1941 auf dem Jonas Daniel Meijerplein in Amsterdam verhaftet worden. Alle Opfer dieser Razzia wurden umgebracht, die meisten in dem österreichischen Konzentrationslager Mauthausen. Ein weiteres Indiz ist die Bemerkung in den Aufzeichnungen, dass das Haus des Ehepaares einen Balkon hatte. Klaartje de Zwarte-Walvisch und ihr Mann Joseph de Zwarte waren in der Tweede Oosterparkstraat 245 in Amsterdam gemeldet, und dieses Haus hat tatsächlich einen Balkon.

Letzte Gewissheit erhielt man über die Herkunft des Tagebuchs. Es war dem Joods Historisch Museum einige Jahre nach dem Tod eines Salomon de Zwarte übergeben worden. Seine in Kanada lebende Tochter Miep hatte es in seinem Nachlass gefunden. Im Museum wurde vermerkt, dass nicht bekannt war, von wem er das Tagebuch bekommen hatte, aber es liegt nahe, dass er es direkt von seiner Schwägerin Klaartje erhalten hat, denn aus einer Aufzeichnung Salomon de Zwartes geht hervor, dass er sie in Westerbork bis an den Deportationszug begleitete: «Klaar gerade zum Zug gebracht» steht auf einem Zettel. All das lässt nur eine Schlussfolgerung zu: Klaartje de Zwarte-Walvisch ist ohne jeden Zweifel die Verfasserin des Tagebuchs.

Klaartje de Zwarte-Walvisch wurde am 6. Februar 1911 geboren. Sie wurde demnach nur zweiunddreißig Jahre alt. Ihr Name findet sich auf der Personenstandskarte ihres Mannes Joseph de Zwarte, der ein halbes Jahr jünger war als sie. Die beiden heirateten im Dezember 1934. Klaartje de Zwarte-Walvisch war Näherin von Beruf, Joseph de Zwarte Lagerarbeiter. Sie wohnten erst an der Oudeschans in Amsterdam und zogen im April 1941 in die Tweede Oosterparkstraat um. Klaartje de Zwarte-Walvisch stammte aus einer Familie mit elf Kindern, von denen vier kurz nach der Geburt starben. Von ihren anderen sechs Geschwistern sind fünf so wie sie in Auschwitz oder Sobibór umgekommen, über das siebte Geschwisterkind konnte nichts in Erfahrung gebracht werden. Ihr Ehemann Joseph de Zwarte stammte aus einer Familie mit neun Kindern; von ihnen haben zwei den Krieg und den Holocaust überlebt. Einer der beiden Überlebenden war Salomon de Zwarte.

Salomons Tochter Miep lebt in Toronto (Kanada). Sie übergab dem Museum das Tagebuch, ohne seine Herkunft zu kennen: «Ich hatte keine Ahnung, dass meine Tante die Verfasserin war. Mein Vater hat mir nie etwas davon gesagt, sonst hätte ich das gewusst. Aber das ist nur logisch; mein Vater und ich sprachen nicht oft über den Krieg. Wir weinen beide sehr leicht, ganz besonders, wenn es um dieses Thema geht, also haben wir uns gegenseitig geschont.»

Beim deutschen Überfall auf die Niederlande am 10. Mai 1940 war Miep Koenig-de Zwarte acht Jahre alt. Ihr Vater war jüdischer Abstammung, ihre Mutter nicht. Miep musste deshalb nicht untertauchen; ihren Vater brachte man nach Westerbork, aber es gelang ihm, nach Amsterdam zurückzukehren und sich dort zu verstecken.

Können Sie sich noch an Ihre Tante Klaartje erinnern?

Miep Koenig-de Zwarte: «Aber natürlich, ich weiß noch genau, wie sie aussah. Und ich erinnere mich vor allem daran, dass sie sehr häufig krank war. Körperlich war sie schwach. Aber geistig hatte sie eine eiserne Konstitution, das zeigt sich auch in ihrem Tagebuch ganz deutlich.»

Dass es ihre Tante war, die das Tagebuch geschrieben hatte, bedeutete für Miep Koenig-de Zwarte einen großen Schock. Ihr Vater hatte darüber nie sprechen können: «Nach dem Tod meines Vaters landeten die Aufzeichnungen erst bei meinem Bruder. Der wusste auch nicht, von wem sie stammten. Aber er fand sie interessant, er sagte: ‹Das gehört ins Museum für jüdische Geschichte.› Ich selbst konnte das Tagebuch nur sehr schlecht lesen, weil mir das Niederländische nach all den Jahren Probleme bereitet. Darum habe ich es dem Museum überlassen.»

Das einzige Bild, das von Klaartje de Zwarte-Walvisch erhalten ist, stammt aus einer Filmaufnahme bei der Hochzeit von Colette de Zwarte und Gerrit Schellevis am 10. April 1940.

Die Nichte, Miep, erkannte ihre Tante Klaartje in Filmaufnahmen wieder, die erhalten geblieben sind. Der Film entstand aus Anlass der Hochzeit einer Schwägerin, Colette de Zwarte, mit Gerrit Schellevis am 10. April 1940 in der Synagoge in der Rapenburgerstraat. Für den Bruchteil einer Sekunde ist Klaartje zusammen mit ihrem Mann Joseph zu sehen.

Mit ihrer Ankunft in Westerbork im Juli 1943 endet das Tagebuch der Klaartje de Zwarte-Walvisch. Ihre Tage waren nun buchstäblich gezählt. In dieser Phase verließ beinahe jeden Dienstag ein langer Zug nach Sobibór das Lager, da das Konzentrations- und Vernichtungslager

Auschwitz in dieser Zeit für Juden aus Griechenland benötigt wurde. Wöchentlich wurden rund zweitausend, manchmal sogar dreitausend Menschen in den sicheren Tod deportiert. Der Name von Klaartje de Zwarte-Walvisch steht auf der Transportliste vom 13. Juli. Die Liste umfasst 1988 Namen. Keiner der Deportierten überlebte.

In Sobibór wurden die Menschen unmittelbar nach der Ankunft in die Gaskammer geschickt. Nur ganz selten wurde jemand ausgewählt, um als «Arbeitsjude» bei den Verbrennungsöfen oder beim Sortieren von Kleidungsstücken und Schuhen mitzuhelfen. Klaartje de Zwarte-Walvisch wurde am 16. Juli 1943 ermordet.

Auch ihr Mann Joseph wurde deportiert. Wo genau er starb, ist nicht bekannt, «irgendwo in Polen»; als Datum wurde der 31. März 1944 angegeben. Klaartje de Zwarte-Walvisch hat sehr darunter gelitten, dass ihr Mann sie nicht nach Westerbork begleiten durfte, sondern im Außenlager Moerdijk bleiben musste. Wie sehr sie ihn liebte, zeigt der Eintrag vom 1. Juli. Als fünfhundert Männer aus dem Arbeitskommando zurückkamen und Joseph de Zwarte nicht unter ihnen war, machte sie diese Nachricht physisch krank:

> Zu dieser Zeit lag ich mit kalten Kompressen auf dem Kopf da, denn ich hatte einen heftigen Nervenanfall bekommen. Richtig weinen musste ich nicht, aber ich hatte ein Gefühl in der Brust und im Hals, als müsste ich ersticken. Alles in mir krampfte sich zusammen, und ich konnte keinen Laut von mir geben. Meine Freundinnen bekamen Angst und holten Hilfe. Ich sollte Medikamente schlucken, aber das konnte ich nicht.

Dass dem Tagebuch große historische Bedeutung zukommt, steht außer Frage. Es gibt nur sehr wenige ausführliche Zeugnisse von Holocaustopfern auf ihrem Weg in den Untergang. Wichtig sind die Aufzeichnungen besonders im Hinblick auf das Konzentrationslager Vught. Von dort sind außerdem die Tagebuchaufzeichnungen des Studenten und Dichters David Koker überliefert, der mit dem Schriftsteller und Literaturwissenschaftler Karel van het Reve (1921–1999) befreundet war. Koker hielt viele alltägliche Ereignisse im Lagerleben fest. Sein nüchterner, manchmal kühler Bericht, der aber auch Gedichte enthält, umfasst etwa ein Jahr, vom Februar 1943 bis Februar 1944. Er wurde vollständig aus dem Lager geschmuggelt und 1977 von Karel van het Reve publiziert. Die Tagebücher der Klaartje de Zwarte-Walvisch sind viel emotionaler als die Aufzeichnungen David Kokers. Sie schreibt sich in Vught die Wut von der Seele. Über eine hohe Schulbildung verfügte sie nicht, aber sie schreibt fesselnd und in sehr gut lesbarem Niederländisch. Sie beobachtet alles mit scharfem Blick und interessiert sich besonders dafür, wie sich die Menschen unter den im Lager herrschenden Umständen verhalten, etwa als sie Anfang Juni 1943 miterlebt, wie über tausend Kinder – meist mit ihren Müttern oder beiden Eltern – das Lager verlassen müssen. Die Lagerinsassen reagieren tief erschüttert und geraten vor Angst und Verzweiflung völlig außer sich:

> Väter stürmten auf das Kinderlager ein, weil sie bei ihren Frauen und Kindern sein wollten. Männer warfen sich über den Tisch und schluchzten hemmungslos. Schluchzten wie kleine Kinder, weil sie gegenüber dem, was ihnen angetan wurde, so völlig machtlos waren. Es gab keinen Trost. Für jeden war das Leid gleich schlimm. Überall, wo ich hinkam, sah ich nichts als weinende Männer und Frauen.

Innerhalb von zwei Tagen werden dreitausend Menschen nach Westerbork deportiert und von dort fast alle von ihnen weiter in die Gaskammern von Sobibór. Die Schilderung im Tagebuch ist ein Wutschrei:

Zwangsarbeiter in der Werkstatt der Firma Philips auf dem Lagergelände. Anonyme Zeichnung eines Gefangenen mit dem Vermerk: «Philips-Kommando Vught. Ofen von der ‹Maginot-Linie›, 1943–44».

Wie man manchmal einfach so ein Stück Papier zerreißt, so wurden Herzen und Seelen zerfetzt und auseinandergerissen. Alles ging in Stücke. Alles wurde zertreten. Jedes Herz, egal ob klein oder groß, zertreten, beschmutzt und für immer zerstört. Das war Zivilisation. Das war Kultur. Das war das neue Europa. Wann wird für uns die Erlösung kommen? Wo bleibt unsere Rettung?

Die Aufzeichnungen der Klaartje de Zwarte-Walvisch rührten schon im Lager die Menschen an. Sie beschreibt, wie sie in Vught für kurze Zeit im Philips-Kommando, einer Werkstatt der Firma Philips im Konzentrationslager, in der Dynamotaschenlampen und Transistorradios hergestellt wurden, Zwangsarbeit leistete. Hier lernte sie einen

Dienstbereich 5   L.W. *12.6.* 43.
Innendienst   Bar.: *60*

Gruppenausweis.

Die nachstehend genannten Baracken-
insassen sind berechtigt zum Zwecke
ihrer dienstlichen Obliegenheiten
(an Transporttagen nach Prüfung der
Transportlisten), die Baracke
am *13.6.43* um *7*
zu verlassen.

de Zwarte, Salomon

Der Dienstleiter

553

Der Brief, den Salomon de Zwarte
auf der Rückseite eines Gruppen-
ausweises schrieb, nachdem er
seine Schwägerin Klaartje zum
Zug nach Sobibór begleitet hatte.

nicht-jüdischen Niederländer kennen, dem sie vertraute und den sie in ihrem Tagebuch lesen ließ. Ihm stiegen die Tränen in die Augen, und er sagte, dass ihn tief bewegte, was sie geschrieben hatte. Das Schreiben gab Klaartjes Leben unter diesen Umständen eine Art Sinn. Als es wieder einmal für eine kurze Zeit viel zu voll in den Baracken war, klagte sie darüber, nirgendwo in Ruhe schreiben zu können. Aber sie ließ sich nicht davon abhalten: «Trotzdem werde ich schreiben, und wenn ich dafür jede Nacht ein paar Stunden opfern muss.»

Insgeheim wünschte sie sich, dass das Tagebuch bekannt werden würde. Die Welt sollte erfahren, wie die Juden misshandelt und gedemütigt wurden: «Ich hoffe inständig, dass alles, was ich hier aufgeschrieben habe, einmal die Außenwelt erreicht.» Dieser Satz hätte auch von Anne Frank stammen können. Einen großen Unterschied zwischen beiden jungen Frauen gibt es allerdings: Klaartje de Zwarte-Walvisch begann zu schreiben, als Anne Frank aufhören musste – bei ihrer Deportation. Aber sie schrieben mit dem gleichen Ziel: Die Außenwelt sollte irgendwann einmal erfahren, was geschehen war.

Die winzige Hoffnung, sie selbst werde mit dem Leben davonkommen, erfüllte sich nicht. Klaartje de Zwarte-Walvisch wurde in Sobibór umgebracht, weit im Osten, so wie 34 000 andere jüdische Niederländer. Das letzte Familienmitglied, das sie sah, war ihr Schwager Salomon de Zwarte. In seinen Notizen aus Westerbork heißt es:

Klaar gerade zum Zug gebracht. Habe alles mir Mögliche getan, damit sie es angenehm hat. Bewundernswert tapfer ist sie. Eine von vielen, die ich von hier habe weggehen sehen. Obwohl sie hier sehr allein war, schlägt sie sich prächtig durch. Alle an unserem Tisch waren sehr beeindruckt, weil sie jeden sehr lieb behandelt hat.

Salomon de Zwarte ist es zu verdanken, dass wir die Worte von Klaartje de Zwarte-Walvisch heute lesen können, die Anklage, die ein wehrloses

Opfer an seine erbarmungslosen Henker richtet. «Ich hoffe inständig, dass alles, was ich hier aufgeschrieben habe, einmal die Außenwelt erreicht», hat sie notiert. Mehr als fünfundsechzig Jahre nach dieser Notiz hat sich die Hoffnung erfüllt – und mit dieser Ausgabe erfüllt sie sich endlich auch in Deutschland.

Nachwort zur deutschen Ausgabe

Von Leon de Winter

Am 4. Juli 1943 verfasst Klaartje de Zwarte-Walvisch ihre letzten Aufzeichnungen. Sie ist im Judendurchgangslager Westerbork im Nordosten der Niederlande angelangt. Der Kommandant des Lagers, SS-Obersturmführer Albert Konrad Gemmeker, war kein überzeugter Antisemit, führte aber nun einmal aus, was man ihm aufgetragen hatte.

Klaartje ist erstaunt über den menschlichen Empfang – Vught, das SS-Konzentrationslager Herzogenbusch, wo die Gefangenen einander das Essen stahlen, um nicht zu verhungern, war mit seinem Schmutz und seinen Krankheiten eine Hölle gewesen.

In Westerbork konnte sie aufatmen – bis zum 13. Juli. Neun kurze Tage lang durfte sie sich an dem bizarren Ort Westerbork, wo es Gemmeker gelungen war, den Schein einer gewissen Normalität herzustellen, der Illusion hingeben, sie hätte eine Zukunft. Aus der Zeit zwischen dem 4. und dem 13. Juli sind keine Aufzeichnungen von ihr erhalten geblieben. Vielleicht hat sie nichts notiert. Und danach, im Zug nach Sobibór, war Schreiben unmöglich.

Aus Westerbork führte ein Gleis «in den Osten» – dort wartete der Tod, der, wie wir wissen, einmal ein Meister aus Deutschland war. Klaartje wurde am 16. Juli vergast. Sie stieg also in einen Viehwagen und wurde unmittelbar nach ihrer Ankunft in Sobibór vergast.

Ich schreibe das Wort «vergast» nieder und kann seine Bedeutung immer noch nicht erfassen.

Schon zuvor, am 2. April 1943, wurden mein Großvater und meine Großmutter in Sobibór vergast. Ihre Tochter Esther, meine Tante, war bereits am 30. September 1942 in Auschwitz ermordet worden. Davon wussten meine Großeltern nichts. Früher, als sie noch lebte, weinte meine Mutter jeden Tag um die, die ermordet worden waren. Ich weine nicht jeden Tag, aber ich denke jeden Tag an die Toten; das ist meine Art und Weise, das Kaddisch zu sprechen.

Ich behaupte nicht, dass es sich bei «Mein geheimes Tagebuch» um unterhaltsamen Lesestoff handelt. Denn das Buch ist vom Anfang bis zum Ende die Geschichte einer grausamen, teuflischen Illusion.

Klaartje, die nur über geringe Bildung verfügte, war keine große Schriftstellerin; dem Vergleich mit Anne Frank kann sie nicht standhalten. Aber Klaartje hatte einen nüchternen, präzisen Stil und vermochte ihre Erschütterung in Worte zu fassen. Nein, Unterhaltung bietet «Mein geheimes Tagebuch» nicht – wenn man es liest, möchte man Klaartje beschützen und trösten, und am Anfang will man sie davor warnen, sich zusammen mit ihrem Mann bei den Behörden zu melden, weil dies dazu führt, dass die beiden als Jüdin und als Jude aus der Gesellschaft herausgefiltert werden.

Wer unter derartigen Umständen Aufzeichnungen macht, zumal wenn dies auf so kühle Weise geschieht, wie Klaartje das konnte, der hat trotz allem noch Hoffnung. Indem sie ihre Erlebnisse notiert wie ein distanzierter Journalist, will sie uns deutlich machen, dass das, was ihr und anderen Juden widerfährt, inakzeptabel ist. Das macht die Lektüre noch schwieriger. Denn es geschah – inakzeptabel oder nicht. Moral oder Ethik spielten dabei keine Rolle.

«Heute ist ein schrecklicher Tag», notiert Klaartje in Vught. «Strömender Regen und Kälte. Heute Mittag um zwei geht ein Transport mit eintausendzweihundert Menschen nach Westerbork. Dass draußen schreiende Frauen herumlaufen, ist etwas ganz Normales.»

Aber es ist nicht normal, und darum schreibt sie es auf.

Klaartje ist Näherin, ihr Mann Joseph Lagerarbeiter. Am 22. März 1942 werden die beiden in ihrem Haus in Amsterdam verhaftet. In einem Notizbuch und drei Schulheften hält sie fest, was sie erlebte und erlitt, Augenblicke des Schreckens und der Verzweiflung, und sogar Augenblicke des Glücks. Zwischen den Zeilen wird ständig Klaartjes Liebe zu ihrem Mann spürbar, der während ihrer Gefangenschaft in Vught in einem Außenlager Zwangsarbeit verrichten musste. Als sie schließlich in den Zug nach Westerbork steigen muss, geht es ihr eigentlich nur um eines: Sie will Vught nicht ohne ihren Mann verlassen, der sich aber nicht im Lager befindet. Sie versucht, sich der Deportation zu entziehen, aber das gelingt ihr nicht. Und sie nimmt sich vor, so lange in Westerbork zu bleiben, bis ihr Mann wieder bei ihr ist. Aber er kommt nicht, und sie muss allein weg und wird allein in Sobibór eintreffen und allein vergast werden. Ein unerträglicher Gedanke.

Joseph de Zwarte, Klaartjes Mann, wird im März 1944 irgendwo in Osteuropa umkommen. Der Ort ist unbekannt, das genaue Datum ebenso. Klaartjes Mutter hat ihre Tochter um ein paar Wochen überlebt: Sie wurde am 27. August 1943 in Auschwitz ermordet. Bis heute bleibt die Ungeheuerlichkeit dieser Fakten unbegreiflich. Als Klaartje die Schulhefte füllte, wusste sie noch nicht, welches Schicksal sie und die von ihr geliebten Menschen erwartete, doch die Drohung der schwärzesten Inhumanität ist ständig spürbar.

Nein, es ist nicht einfach, sich wieder mit diesem Teil der Geschichte konfrontiert zu sehen. Bei «Mein geheimes Tagebuch» handelt es sich nicht um einen erbaulichen Bericht über eine schwierige Phase, die in etwas Hellem, Hoffnungsvollem ihren Abschluss findet. Wie im

Fall von Anne Franks berühmtem Tagebuch ist der letzte Satz nichts anderes als die Ankündigung eines Mordes: Die Leere der weißen Seite steht für das Ende einer Frau, der man die Menschlichkeit geraubt hat.

Von Autorinnen wie Klaartje sind nicht viele Dokumente überliefert. In der soziokulturellen Gruppe, zu der sie gehörte, war es nicht selbstverständlich, ein Tagebuch zu führen. Was uns über «gewöhnliche Juden» bekannt ist, wissen wir von den wenigen Überlebenden wie meiner Mutter, die jeden Tag davon sprach, weil sie an keinem Tag ihres weiteren Lebens begreifen konnte, was man ihrer Familie angetan hatte.

Es ist eigentlich nicht naheliegend, dass gerade ich hier etwas über Klaartje schreibe. Während des Lesens habe ich angefangen, Liebe für sie zu empfinden, als wäre sie eine der Tanten oder Nichten, die ich nie gekannt habe. In ihren alltäglichen Wünschen und Ängsten ist sie mir zu nahe, als dass ich als Fachmann oder Denker ein Nachwort verfassen könnte. Ich hätte ihr so sehr ein Leben gegönnt, einfach ein Leben, mit gewöhnlichen, aber liebevollen Augenblicken und vertrauten Dingen, ein Leben in Sicherheit, ein Leben, das sich in einem menschlichen Rhythmus auf das Alter zubewegt.

Klaartje durfte nicht am Leben bleiben. Erhalten geblieben sind ihre Worte. Lassen Sie zu, dass ihr Name Sie für einen Moment erreicht.

Anhang

Editorische Bemerkungen

Von Ariane Zwiers

Das vorliegende Tagebuch besteht aus vier Teilen: einem Notizbuch und drei Schulheften. Es handelt sich nicht um ein Tagebuch im eigentlichen Sinne, denn die Verfasserin schreibt die Ereignisse eines Tages nicht immer am selben Tag auf. Sie berichtet gerade am Anfang über einen längeren Zeitraum und erlaubt sich dabei auch Vorblicke, wenn sie etwa schreibt: «Aber ich sollte noch viel mehr durchmachen müssen.» Am Ende heißt es: «Was in den letzten Tagen alles passiert ist, kann ich mir kaum bewusst machen. Genau kann ich mich nur noch daran erinnern, dass ich auf Transport musste, weg aus Vught.»

Für die Edition waren nur wenige stillschweigende Verbesserungen von offensichtlichen Versehen notwendig, da der Text sehr ordentlich geschrieben ist. Das legt die Vermutung nahe, dass wir es mit einer Reinschrift zu tun haben, die die Verfasserin selbst auf der Grundlage einer ersten Niederschrift erstellte. Alles wurde mit Bleistift festgehalten.

Auf dem kartonierten Deckel des ersten Tagebuchteils, des Notizbuches, ist der Kalender des Jahres 1933 abgedruckt. Einen hinteren Deckel gibt es nicht. Die Abmessungen betragen 21 x 13,5 cm. Das Buch umfasst 132 von der Verfasserin selbst nummerierte Seiten. Die Seiten 123 bis einschließlich 132 sind lose.

Bei den Teilen zwei, drei und vier handelt es sich um kartonierte blaue Schulhefte mit einem Etikett. Auf die Etiketten wurden mit Bleistift die Zahlen. «2», «3» und «4» geschrieben.

Heft Nr. 2 misst 10,5 x 16,5 cm. Es umfasst 34 dicht beschriebene, nicht nummerierte Seiten. Die Hefte Nr. 3 und Nr. 4 messen beide 21 x 16,5 cm. Heft Nr. 3 enthält 36 voll beschriebene, nicht nummerierte Seiten. Heft Nr. 4 enthält 18 voll beschriebene, nicht nummerierte Seiten und vier leere Seiten am Ende.

Weil sie wahrscheinlich befürchtete, die Hefte könnten in die falschen Hände geraten, nennt die Verfasserin beinahe keine Namen und spricht von «meinem Mann» und «meiner Freundin».

Dass sie nicht für sich selbst schrieb, zeigt sich an ihrer Hoffnung, ihre Aufzeichnungen würden später von anderen gelesen: «Aber was diese Menschen in solchen Stunden der Anspannung durchmachten, ist für die, die das vielleicht später einmal lesen und es nicht erlebt haben, etwas ganz Unfassbares.» Und: «Mich erfüllt die brennende Hoffnung, dass alles, was ich hier aufgeschrieben habe, einmal die Außenwelt erreicht. Nicht um Propaganda zu betreiben, sondern nur, damit diejenigen, die von diesen Zuständen nichts wissen (und davon gibt es noch genug) davon erfahren. Wenn es einmal so weit kommt, dann kehren wir zumindest wieder in die Gesellschaft zurück. Für heute höre ich auf, denn gleich müssen wir zum Appell antreten. Diese Aufzeichnungen muss ich gut aufbewahren; ich darf gar nicht daran denken, was passiert, falls sie dieses Büchlein finden.»

Die Rechtschreibung der Tagebücher habe ich modernisiert. Orthographische Fehler habe ich korrigiert und in einigen Fällen die Interpunktion um der Lesbarkeit willen angepasst. Davon abgesehen habe ich den Text möglichst unverändert belassen. Einmal wurde im Text ein Wort in eckigen Klammern eingefügt (vgl. Seite 158).

Zur Übersetzung

Die Anmerkungen von Ariane Zwiers wurden zum größten Teil übernommen und in Absprache mit ihr durch zusätzliche Erläuterungen für deutsche Leser ergänzt.

Von Klaartje de Zwarte-Walvisch verwendete deutsche und englische Wörter und Begriffe wurden kursiviert.

Die deutsche Fassung des Lagerliedes auf S. 38–40 stellt den Versuch dar, der Vorlage nicht nur inhaltlich, sondern auch formal so nahe wie möglich zu kommen.

Ich danke Ulrich Nolte für seine wertvollen Anregungen und Gerhard Schroth für die begleitende Lektüre.

Simone Schroth

Worterklärungen

Adama van Scheltemaplein
Siehe «Zentralstelle (für jüdische Auswanderung)»

Apeldoorn
Gemeint ist die jüdische psychiatrische Einrichtung «Apeldoornsche Bosch», die im Jahr 1908 in Apeldoorn eröffnet wurde. Ende 1942 hielten sich dort beinahe eintausendeinhundert Patienten und gut vierhundert zum Personal gehörende Personen auf. In der Nacht vom 21. auf den 22. Januar 1943 wurde die Einrichtung geräumt. Bis auf etwa hundert Pflegekräfte, die «untertauchen» konnten, deportierte man alle Bewohner über Westerbork in weitere Konzentrationslager.

Diamantsperre
Siehe «Sperre»

Hollandse Schouwburg
«Holländisches Theater», siehe «Joodse Schouwburg»

Joodse Schouwburg
«Jüdisches Theater». Als Juden 1941 auf Befehl der Nationalsozialisten der Besuch von Theatervorstellungen untersagt wurde, änderten die Deutschen den Namen der Hollandse Schouwburg, des «Holländischen Theaters» in Amsterdam, in Joodse Schouwburg, «Jüdisches Theater».

Dort durften jüdische Künstler, denen es nicht mehr erlaubt war, vor nicht-jüdischem Publikum aufzutreten, nun Vorstellungen und Konzerte geben, und zwar vor einem ausschließlich jüdischen Publikum. Im Juli 1942 übernahmen die Nationalsozialisten das Gebäude und machten es zur Sammelstelle für die Deportation der Amsterdamer Juden.

Judenrat (Joodse Raad)
Gegründet im Februar 1941 auf Initiative der deutschen Besatzer als Organisation zur Verwaltung der jüdischen Bevölkerung in den Niederlanden. Dieser «Judenrat für Amsterdam» erhielt rasch die Befugnis über alle Juden in den Niederlanden. Über den Rat gaben die Besatzer Befehle an die jüdischen Gemeinden und ihre Leiter weiter. So erfuhren diese durch den Judenrat von den antijüdischen Maßnahmen. Im September 1943 verbrachte man die Leitung selbst in das Konzentrationslager Westerbork und enthob den Rat seiner Aufgaben.

Kapo
Häftling in einem Konzentrationslager, der als Mitarbeiter der Lagerleitung andere Häftlinge beaufsichtigen muss. Bei der Zwangsarbeit waren Kapos für die Ergebnisse verantwortlich. Der Begriff leitet sich vom französischen «caporal» oder vom italienischen «capo» ab, was «Kopf» oder «Aufseher» bedeutet.

Krippe (Creche)
In dem Gebäude an der Plantage Middenlaan 31–33 in Amsterdam war bis 1924 die jüdische Talmud-Tora-Schule untergebracht. Während der Besatzung wurde die «Krippe» zu einer Dépendance der ihr gegenüber liegenden Joodse Schouwburg, wo die Amsterdamer Juden für die Deportation «gesammelt» wurden. Über die Krippe wurden etwa fünfhundert Kinder in Verstecke gebracht.

Lippmann, Rosenthal & Co. (Kurzform «Liro»)

Die angesehene, in jüdischem Besitz befindliche Bank Lippmann, Rosenthal & Co. mit Sitz in der Nieuwe Spiegelstraat in Amsterdam wurde 1940 unter deutsche Verwaltung gestellt. Jüdische Unternehmen und vermögende Juden mussten ab August 1940 ihr gesamtes Vermögen dieser Bank übertragen. Zu diesem Zweck wurde im August 1941 eine Filiale in der Sarphatistraat eröffnet, die die Räumlichkeiten einer Filiale der «Amsterdamschen» Bank bezog. Diese Scheinbank mit dem Namen «Lippmann, Rosenthal & Co. Sarphatistraat» entwickelte sich zum zentralen Instrument der Enteignung der niederländischen Juden und wurde daher auch als «Raubbank» («roofbank») bezeichnet. In der Ersten Liro-Verordnung «über die Behandlung jüdischen Kapitalvermögens» vom 8. August 1941 wurden alle Juden verpflichtet, ihre Konten bei anderen Banken zu schließen und ihr gesamtes Vermögen der Liro zu übertragen. Die Bank eröffnete auch eine Filiale im Konzentrationslager Westerbork. Dort konnte man vor der Deportation in ein Vernichtungslager sein Geld einzahlen.

Moerdijk

Außenlager von Kamp Vught. Jüdische Gefangene mussten ab März 1943 vor der Moerdijk-Brücke, die Brabant mit Südholland verbindet und eine große strategische Bedeutung hatte, Panzergräben ausheben. Im Oktober wurden alle jüdischen Häftlinge zurück ins KZ Herzogenbusch (Kamp Vught) verlegt und von dort nach Auschwitz deportiert. Nichtjüdische niederländische Häftlinge nahmen bis zur Auflösung des Außenlagers im Februar 1944 ihre Stelle ein.

NSB

Die Nationaal-Socialistische Beweging in Nederland (NSB) war eine nationalsozialistische und nach der deutschen Besetzung die einzige zugelassene Partei in den Niederlanden. Mitglieder der NSB, insbesondere der niederländischen SS, waren maßgeblich an der Vernichtung der niederländischen Juden beteiligt und wurden unter anderem für die Bewachung niederländischer Konzentrationslager eingesetzt.

OD (Ordnungsdienst)
Lagerpolizei

Philips
Das Philips-Stammwerk befand sich in Eindhoven und stand unter deutscher Verwaltung. Während des Zweiten Weltkriegs musste Philips elektrische Bauteile für die Wehrmacht produzieren. Zwangsarbeiter aus Kamp Vught, dem Konzentrationslager Herzogenbusch, mussten in einer Philips-Werkstatt Dynamotaschenlampen und Transistorradios herstellen. Dies bedeutete für sechhundert Juden für einige Zeit die Zurückstellung von der Deportation in andere Lager.

SD (Sicherheitsdienst)
Sicherheits- und Informationsdienst der SS. Das Amsterdamer SD-Hauptquartier befand sich in der Euterpestraat (heute Gerrit van der Veenstraat, benannt nach dem niederländischen Widerstandskämpfer Gerrit van der Veen, 1902–1944). An diesem berüchtigten Ort wurden Gefangene gefoltert.

Sperre
Vorläufige Freistellung von der Deportation. Eine «Sperre» war eine Erklärung, mit der Juden während des Krieges Aufschub vom «Arbeitseinsatz» (also von der Deportation in ein Konzentrationslager) erhalten konnten. Diese Freistellung «bis auf Weiteres» konnte man zum Beispiel als Mitarbeiter beim Judenrat oder als Angehöriger einer ande-

ren Nationalität bekommen, oder wenn man in einer Fabrik arbeitete, die Güter für die deutsche Wehrmacht produzierte. Außerdem konnte nach Abgabe eines bestimmten Wertes in Diamanten eine sogenannte Diamantsperre vergeben werden. Es gab verschiedene Listen, auf die man (über Kontakte) aufgenommen werden konnte. Beziehungen waren dabei wichtig. Die Sperre umfasste manchmal auch die nächsten Familienangehörigen. Das System vermittelte ein trügerisches Gefühl der Sicherheit und verursachte unter niederländischen Juden Interessenskonflikte. Letztlich wurden beinahe alle Sperren aufgehoben.

Vught

Kamp Vught war eines der fünf Konzentrationslager in den Niederlanden. Es unterstand dem Befehl des SS-Hauptquartiers in Berlin. Im «Konzentrationslager Herzogenbusch», wie es offiziell hieß, befanden sich von 1942 bis zum September 1944 gut 30 000 Gefangene, unter ihnen 15 000 Juden. Einige Hundert Gefangene kamen in Vught selbst um. Die meisten wurden weitergeschickt, hauptsächlich nach Westerbork. Berüchtigt sind die beiden «Kindertransporte» vom Juni 1943. Mit diesen Transporten wurden 1269 jüdische Kinder aus Vught über Westerbork nach Sobibór deportiert und dort unmittelbar nach ihrer Ankunft umgebracht. Im vorliegenden Tagebuch wird der Kindertransport eindrucksvoll beschrieben (siehe den Eintrag zum 6. Juni).

Westerbork

Das Konzentrationslager Westerbork war ein «Judendurchgangslager», von dem aus mehr als hunderttausend Juden in die Vernichtungslager im Osten Europas deportiert wurden. Ein Jahr nach Klaartje de Zwarte-Walvisch befand sich auch Anne Frank unter den Gefangenen. Bereits vor dem Angriff auf die Niederlande war das Lager im Jahr 1939 als Zentrales Flüchtlingslager für Juden aus dem nationalsozialistischen Deutschland eingerichtet worden.

Zentralstelle (für jüdische Auswanderung)
Amsterdamer Büro der deutschen Sicherheitspolizei und des Sicherheitsdienstes, ansässig in der christlichen Hogere Burgerschool am Adama van Scheltemaplein in Amsterdam-Zuid. Die Zentralstelle wurde einen Monat nach dem Februar-Streik (1941) eingerichtet – angeblich, um Juden die Gelegenheit zu geben, die Niederlande auf legalem Wege zu verlassen. Tatsächlich organisierte die Zentralstelle jedoch die Deportation der Juden aus den Niederlanden in die verschiedenen Lager.

Bildnachweis

Seite 171, oben und unten: Image bank WW2 – Nationaal Monument Kamp Vught
Seite 179: Image Bank WW2 – Oorlogs- en Verzetsmuseum Groningen
Seite 7, 176, 180: Collectie Joods Historisch Museum, Amsterdam

Autoren, Editorin
und Übersetzerin

Ad van Liempt, geboren 1949, Journalist, Buchautor und Historiker, war viele Jahre Chefredakteur bei verschiedenen Programmen des niederländischen öffentlichen Fernsehens, unter anderem des zeitgeschichtlichen Programms «Andere Zeiten», und verantwortlich für eine Fernsehserie über den Zweiten Weltkrieg («De Oorlog», 2009). Sein Buch «Kopfgeld. Bezahlte Denunziation von Juden in den besetzten Niederlanden» war ein internationaler Erfolg und erschien auch in Deutschland (Siedler, 2005). 2011 wurde er mit der Ehrendoktorwürde der Universität von Amsterdam ausgezeichnet.

Leon de Winter, geboren 1954 in s'Hertogenbosch, stammt aus einer niederländischen jüdischen Familie. Die meisten seiner Verwandten wurden in Konzentrationslagern ermordet. Leon de Winter ist Filmemacher und Schriftsteller. Seine Romane erzielen nicht nur in den Niederlanden überwältigende Erfolge; einige wurden für Kino und Fernsehen verfilmt, etwa «Der Himmel von Hollywood» unter der Regie von Sönke Wortmann. Er wurde vielfach ausgezeichnet, u. a. mit dem Welt-Literaturpreis für sein Gesamtwerk (2002) und mit der Buber-Rosenzweig-Medaille (2006). Zuletzt erschienen von ihm bei Diogenes die Romane «Ein gutes Herz» (2013) sowie «Das Recht auf Rückkehr» (2008). Leon de Winter ist mit der Schriftstellerin Jessica

Durlacher verheiratet und lebt mit seiner Familie in Bloemendaal und Los Angeles.

Ariane Zwiers ist wissenschaftliche Mitarbeiterin des Resource Centre des Joods Historisch Museum in Amsterdam, wo sie jüdische Egodokumente (Briefe und Tagebücher) untersucht und beschreibt. Von ihr liegen bereits mehrere Editionen niederländischer Tagebücher vor. Sie arbeitet außerdem als Übersetzerin aus dem Jiddischen und Dozentin für Jiddisch. Ariane Zwiers studierte Hebräische Sprache und Kultur und wurde mit einer Arbeit über Jiddische Egodokumente in den Niederlanden aus dem 18. Jahrhundert promoviert.

Simone Schroth, Literaturwissenschaftlerin und Übersetzerin, wurde mit einem Vergleich der deutschen, englischen und französischen Übersetzungen von Anne Franks Tagebuch in Bonn promoviert. Sie übersetzt aus dem Niederländischen und Englischen ins Deutsche und unterrichtet an verschiedenen britischen Universitäten Germanistik und Übersetzung.

Die Publikation der deutschen Ausgabe des Tagebuchs der Klaartje de Zwarte-Walvisch wurde vom Direktor des Joods Historisch Museum Amsterdam, Joël Cahen, und seinem Team mit Rat und Tat unterstützt. Das Manuskript stammt aus der Sammlung des Joods Historisch Museum und wird auf Wunsch des Schenkers in die Sammlung des Nationaal Sjoa Museum/Hollandsche Schouwburg übergehen, das sich unter der Leitung von Joël Cahen im Aufbau befindet.

Aus dem
Verlagsprogramm

Zeitgeschichte bei C.H.Beck

Dietrich Bonhoeffer/Maria von Wedemeyer
Brautbriefe Zelle 92
1943–1945
Herausgegeben von Ruth-Alice von Bismarck und Ulrich Kabitz
Mit einem Nachwort von Eberhard Bethge
7., durchgesehene Auflage. 2016. 336 Seiten mit 10 Abbildungen. Broschiert
C.H.Beck Paperback Band 1312

Christiane Tietz
Dietrich Bonhoeffer
Theologe im Widerstand
2013. 144 Seiten mit 12 Abbildungen. Paperback
C.H.Beck Wissen Band 2775

Helmut James und Freya von Moltke
Abschiedsbriefe Gefängnis Tegel
September 1944 – Januar 1945
Herausgegeben von Helmuth Caspar von Moltke und Ulrike von Moltke
3. Auflage. 2011. 608 Seiten mit 13 Abbildungen und 3 Faksimiles. Leinen

Günter Brakelmann
Helmuth James von Moltke
1907–1945
Eine Biographie
2009. 432 Seiten mit 60 Abbildungen. Paperback
Beck'sche Reihe Band 1916

Frauke Geyken
Freya von Moltke
Ein Jahrhundertleben
1911–2010
3. Auflage. 2015. 287 Seiten mit 71 Abbildungen und 3 Stammtafeln. Broschiert
C.H.Beck Paperback Band 6023

Zeitgeschichte bei C.H.Beck

Saul Friedländer, Orna Kenan
Das Dritte Reich und die Juden
1933–1945
Aus dem Englischen von Martin Pfeiffer
2010. 525 Seiten. Paperback
Beck'sche Reihe Band 1965

Geert Mak
Kleine Geschichte der Niederlande
Ein historisches Portrait
Aus dem Niederländischen von Gregor Seferens und Andreas Ecke
2013. 248 Seiten mit 14 Abbildungen und 2 Karten. Paperback
Beck'sche Reihe Band 6044

Timothy Snyder
Black Earth
Der Holocaust und warum er sich wiederholen kann
Aus dem Englischen von Ulla Höber, Karl Heinz Siber und Andreas Wirthensohn
2015. 488 Seiten mit 24 Karten. Gebunden

Winfried Nerdinger
München und der Nationalsozialismus
Katalog des NS-Dokumentationszentrums München
Herausgegeben von Winfried Nerdinger in Verbindung mit Hans Günter Hockerts,
Marita Krauss, Peter Longerich sowie Mirjana Grdanjski und Markus Eisen
2., durchgesehene Auflage. 2015. 624 Seiten mit 850 teils farbigen Abbildungen.
Leinen

David Nirenberg
Anti-Judaismus
Eine andere Geschichte des westlichen Denkens
Aus dem Englischen von Martin Richter
Historische Bibliothek der Gerda Henkel Stiftung
2015. 587 Seiten. Leinen